新媒介视角下
乡村阅读推广与图书馆服务设计

付蕊 吴鹏 李晶 ◎ 著

吉林出版集团股份有限公司
全国百佳图书出版单位

图书在版编目（CIP）数据

新媒介视角下乡村阅读推广与图书馆服务设计 / 付蕊, 吴鹏, 李晶著. -- 长春：吉林出版集团股份有限公司, 2024.5

ISBN 978-7-5731-4980-0

Ⅰ. ①新… Ⅱ. ①付… ②吴… ③李… Ⅲ. ①农村 – 读书活动 – 研究 – 中国 Ⅳ. ①G252.17

中国国家版本馆 CIP 数据核字(2024)第 096005 号

新媒介视角下乡村阅读推广与图书馆服务设计
XIN MEIJIE SHIJIAO XIA XIANGCUN YUEDU TUIGUANG YU TUSHUGUAN FUWU SHEJI

著　　者	付　蕊　吴　鹏　李　晶
责任编辑	尤　雷
助理编辑	杨　帆
装帧设计	瑞天书刊
开　　本	710mm×1000mm　1/16
印　　张	13.25
字　　数	200 千字
版　　次	2025 年 5 月第 1 版
印　　次	2025 年 5 月第 1 次印刷
出　　版	吉林出版集团股份有限公司
发　　行	吉林音像出版社有限责任公司
	（吉林省长春市南关区福祉大路5788号）
电　　话	0431-81629667
印　　刷	吉林省信诚印刷有限公司

ISBN 978-7-5731-4980-0　　　定　价　78.00 元

如发现印装质量问题，影响阅读，请与出版社联系调换。

前 言

阅读是人类运用语言文字获取信息、认识世界、发展思维，并获得审美体验与知识的活动。阅读推广是社会机构和个人开展的旨在培养大众阅读兴趣、阅读习惯，提高大众阅读质量、阅读能力、阅读效果的活动和服务。科学普及作为一种面向全体大众的终身社会教育，对于传播科学知识、提高国民科学素质具有现实而深远的意义。

进入 21 世纪，经济社会的快速发展、信息技术的革新换代，使阅读环境、阅读方式、阅读介质、阅读群体等均发生了翻天覆地的变化。近年来，全民阅读受到社会普遍重视。城市社区和广大乡村是全民阅读推广"一体两翼"的落脚点，也是公共文化服务和图书馆服务的最后一公里，城市化、乡村振兴、文化扶贫的更快更好实现离不开全民阅读促进的助力。

本书系 2020 年黑龙江哲学与社会科学规划项目"乡村振兴战略下农民社会化阅读及推广路径研究"阶段性成果（项目编号 20TQC172）。书中提出了新媒体的产生影响了乡村居民的阅读习惯，新媒介视角下公共图书馆、高校图书馆做出的服务设计应对和创新策略，对实施乡村振兴战略，推进乡村社会建设和发展进行了研究，并提出一些建设性意见。

本书共十三章，由付蕊、吴鹏、李晶共同撰写，具体分工如下：付蕊（哈尔滨学院图书馆）担任第一著者，负责第一章至第四章及第七章内容的撰写，合计 6 万字；吴鹏（齐齐哈尔大学图书馆）担任第二著者，负责第五章至第六章、第八章至第九章内容的撰写，合计 8 万字；李晶（齐齐哈尔大学图书馆）担任第三著者，负责第十章至第十三章内容的撰写，合计 6 万字。

由于本书成书时间仓促，加之作者水平有限，书中有欠妥之处，还望广大同行及读者多提宝贵意见，以不断改进和完善。

付蕊

2023 年 7 月 27 日

目 录

第一章 导论 ... 1
- 第一节 乡村阅读推广的定义及意义 ... 1
- 第二节 乡村阅读推广的重点任务 ... 13
- 第三节 乡村阅读推广的主要对象 ... 17

第二章 乡村阅读的现状 ... 21
- 第一节 乡村阅读的阅读特点 ... 21
- 第二节 乡村阅读的阅读趋势 ... 23
- 第三节 乡村阅读主要依赖的 App ... 26

第三章 乡村阅读推广的对象与需求 ... 28
- 第一节 对象调查与需求分析 ... 28
- 第二节 乡村阅读的满足方式 ... 33

第四章 新媒介对乡村阅读的挑战 ... 40
- 第一节 阅读 ... 41
- 第二节 阅声 ... 43
- 第三节 阅景 ... 44

第五章 乡村阅读推广的新视野 ... 47
- 第一节 社会化阅读的产生 ... 47
- 第二节 乡村居民社会化阅读动机分析 ... 49
- 第三节 乡村居民社会化阅读行为分析 ... 50
- 第四节 乡村阅读推广的策略 ... 52

第六章 乡村阅读推广的条件与保障 ... 58
- 第一节 阅读空间设施 ... 58
- 第二节 阅读资源体系 ... 62
- 第三节 阅读品牌活动 ... 65

  第四节 阅读推广人 68
  第五节 社会力量共助 72

第七章 乡村阅读推广活动 75
  第一节 乡村阅读推广活动的策划 75
  第二节 乡村阅读推广活动的组织实施 80
  第三节 乡村阅读推广活动的品牌建设 85

第八章 公共图书馆概述及科普阅读推广 88
  第一节 公共图书馆概述 88
  第二节 公共图书馆的职能 101
  第三节 科普的概念与意义 112
  第四节 公共图书馆科普阅读推广内涵、特征及体系 116

第九章 公共图书馆阅读推广服务建设 123
  第一节 科普文献类型与推广 123
  第二节 非文献类科普资源建设 127
  第三节 科普阅读推广馆员 132
  第四节 乡村居民科普阅读推广服务 137

第十章 公共图书馆阅读推广的服务设计创新 140
  第一节 专题专架与阅览室 140
  第二节 展示长廊 143
  第三节 展厅及图书馆展览服务 145
  第四节 乡村阅读推广服务设计创新 147

第十一章 高校图书馆概述及信息服务 151
  第一节 高校图书馆的性质与基本职能 151
  第二节 我国高校图书馆信息服务概述 160
  第三节 新媒介环境下高校图书馆信息服务模式 165

第十二章 高校图书馆学科信息资源建设服务 175
  第一节 学科信息资源建设的意义 175
  第二节 学科信息资源的类型与特点 178
  第三节 高校图书馆学科信息在乡村阅读中的应用 182

第十三章 新媒介视角下高校图书馆学科服务平台的创新应用 187
 第一节 学科服务平台概述 187
 第二节 学科服务平台构建 191
 第三节 学科服务平台技术在乡村阅读的应用 198
参考文献 202

第一章 导论

第一节 乡村阅读推广的定义及意义

众所周知，阅读是提升一个人文化素养的重要途径，阅读素养的高低直接影响国民的文化素养水平，而国民文化素养水平的高低又对一个国家和民族的兴衰成败具有重大影响。基于此，国家高度重视推进全民阅读，加强阅读推广，这是现阶段我国文化事业的重要内容，也是实现中华民族伟大复兴的重要保障。

进入 21 世纪，经济社会的快速发展、信息技术的更新换代，使阅读环境、阅读方式、阅读介质、阅读群体等均发生了翻天覆地的变化。如何在变化的新形势下有效推进全民阅读，尤其是加强广大乡村的阅读推广，值得我们探索和研究。

可以说，全民阅读、阅读推广是我们立足中华民族素质与竞争力的重要举措，广大乡村的阅读推广更是促进实现城市化、乡村振兴、文化扶贫的助力。在新时代推进全民阅读，乡村不能缺位，乡村居民更不能缺席。

一、阅读推广的定义

全民阅读是一个由政府主导，集结全社会参与的力量，通过促进阅读内容资源、阅读设施以及阅读服务的建设和全面覆盖，旨在确保公民平等地享有阅读的权利的倡议。这一倡议的目标包括促进人们养成阅读习惯、提高阅读能力，以高质量的阅读材料推动人的现代化进程，同时，促进文化的传承、融合、创新和发展，以及加强文化发展与经济发展之间的关联。

全民阅读旨在满足整个社会各阶层人们的阅读需求，确保每个人都能获得阅读的机会。虽然我国拥有相当数量的人具备基本的阅读能力，但由于多种因素，如经济和文化背景等，不同社会群体和地区的居民在阅读方面存在着明显的差异。同时，可供不同群体使用的阅读资源和服务也存在着显著的不平等。

因此，全民阅读推广的目标是在承认这些客观差异的基础上，尽可能地保障各群体的阅读权利。那些已经具备阅读条件的人应该被鼓励继续阅读，而对于那些缺乏阅读条件的人，政府和社会应该共同努力为他们创造阅读的机会。因此，全民阅读推广应运而生，旨在推广阅读文化，培养国民的文化素质和生活品质。

尽管全国各地已经展开了多样化和富有内容的阅读推广活动，并积累了宝贵的实践经验，但对于阅读推广理论的深入探讨仍然停留在定义阅读推广的范畴上。有学者将阅读推广视为一种新兴的、干预性的图书馆服务，其目标受众是全体公民，特别关注特殊群体。该服务的主要特点是活跃性和碎片化，其核心目标在于激发不喜欢阅读的人对阅读的兴趣，教导不具备阅读能力的人如何阅读，以及帮助在阅读方面遇到困难的人克服阅读障碍。这些观点为阅读推广提供了一个初步的理论框架。

有学者提出，阅读推广是为了传承优秀文化、提高素质的需要，由社会组织或个人开展的一系列活动，旨在培养社会对有价值的多元媒体作品的阅读兴趣和习惯，提升社会的阅读兴趣和阅读效果，以及提高社会的阅读数量和阅读质量。这一过程涉及创建阅读推广空间、建立阅读推广平台、引导多元阅读等实践。

简而言之，阅读推广是社会组织或个人为促进人们阅读而开展的相关活动，旨在推广有益于个人和社会的阅读活动。更详细地说，这包括社会组织或个人采用各种方式，扩大阅读的影响力，增加人们参与阅读文化活动和事业的意愿与条件，以促进阅读这一人类独有的活动。

二、乡村阅读推广的定义

正如之前提到的，全民阅读的核心在于普及，推动全民阅读不仅关系到国民素质，还涉及社会生产力和国际竞争力，是实现中华民族伟大复兴的重要支撑。要提高整个国家的文化水平，首要任务是从乡村着手，特别是从乡村的儿童入手。因为乡村振兴不仅需要经济上的进步，还需要提升乡村居民的文化修养，传承和发展乡村优秀文化。只有将全民阅读扩展到占据全国绝大多数人口的乡村居民，才能真正实现全民阅读的目标。

目前，对于阅读推广的准确定义学界还没有统一的说法，然而在乡村阅读推广活动的主体为乡村图书馆的前提下，通过借鉴其他学者对阅读推广概念的理解，我们可以做出以下的定义：乡村阅读推广是指各类主体如公共图书馆、出版社等，面向乡村，动员各种社会力量并利用这个平台开展的阅读推广活动的总称。

乡村阅读推广实质上是一项以乡村居民为受众的传播活动。其主要目标在于改变乡村居民的阅读观念，培养他们的阅读习惯，提升他们的阅读兴趣和阅读能力，以扩展乡村居民获取所需信息、知识和思想的途径。这有助于激发乡村居民积极从事阅读活动，增强知识理论的吸收与实践，提高他们的文化素养，满足他们的文化需求，为乡村振兴提供支持。

乡村阅读推广不仅是政府和文化部门的责任，社会组织、出版社、高校等机构，以及个人阅读推广者也可以在乡村阅读推广中发挥积极作用。

在乡村振兴战略的大背景下，如何有效地推动乡村阅读推广是一个亟须解决的问题，也是进行社会主义文化建设、实现现代化强国的重中之重。

图书馆读者群体多种多样，而阅读推广是图书馆的一项基本服务，图书馆不应放弃任何平台和任何人群。其中，乡村的读者群体，可能因为地域的局限和当地文化设施条件的限制，不能正常或者不方便利用图书馆资源和服务。《公共图书馆宣言》强调，图书馆阅读推广的重点人群包括：第一，因为缺乏阅读意愿，不愿意使用图书馆资源和服务进行阅读的人；第二，因为文化程度较低，图书馆利用技能或信息技能不足，或受到经济社会环境限制不善于利用图书馆资源与服务进行阅读的人；第三，因为残障、疾患、体衰等无法方便地进入图书馆阅读普通书刊的人；第四，因年龄太小或太大无法正常利用图书馆，需要提供特殊资源与服务的人。

为特殊人群提供特殊服务是对整体公平服务的一种补充和修正，而实施特殊服务则是公共图书馆服务逐渐完善的标志。乡村图书馆在进行阅读推广活动时，主要关注本地基层居民，更贴近广大群众的日常生活，提供服务给各类特殊人群。在21世纪初，公共图书馆收费成为市民进入图书馆的主要障碍。自2006年以后，免费使用公共图书馆的运动逐渐兴起，直至2011年国家宣布全国公共图书馆的基本服务完全免费，消除了收费障碍。但在很多地方，尤其是经济不发达地区的乡村，仍然存在图书馆没有足够读者的情况。实际上，这些缺少读者的图书馆存在的最后障碍就是阅读障碍。

因此，乡村阅读推广应秉承"确保每个公民享有获取知识和信息的权利"的指导原则。这需要专门针对乡村地区中缺乏阅读兴趣、不愿意使用图书馆资源和服务进行阅读的人群，以及因文化水平较低，缺乏图书馆使用技能或信息技能或受到经济社会环境限制而不擅长利用图书馆资源和服务进行阅读的人群，展开相关的阅读推广活动。

三、进行乡村阅读推广的意义

乡村阅读推广对于提高乡民文化、保护宣传乡风乡土文明、弘扬优秀传统文化、实现乡村可持续发展具有重要意义。

（一）政策依据

自党的十八大以来，党中央高度重视中国特色社会主义先进文化的发展。党中央关注农家书屋的建设，持续推动全民阅读活动，还提出了乡村振兴战略。这些措施表明党中央一直在为提高人民的思想觉悟、道德水平、文明素养以及整个社会的文明程度而努力。2015年1月，中共中央办公厅和国务院办公厅发布了《关于加快构建现代公共文化服务体系的意见》，其中将"读书看报"列为保障人民群众享有的公共服务项目之一。2020年10月，中央宣传部发布了《关于促进全民阅读工作的意见》，要求到 2025 年，基本形成覆盖城乡的全民阅读推广服务体系。

2017 年 10 月 18 日，党的第十九次全国代表大会报告中提出了乡村振兴战略，这项战略对解决"三农"问题做出了重要决策安排。战略强调了推动乡村产业和组织的振兴，并根据各行各业的不同情况提出了相应的标准和要求。乡村的发展需要乡村文化的繁荣，而乡村文化的繁荣有助于打破传统的城乡二元体制的障碍，缩小城乡差距。此外，乡村文化的繁荣还可以对农业产生积极影响，推动农业体制改革，促进乡村现代化的发展，并在人才培养方面提出了具体要求。中共中央和国务院发布的《乡村振兴战略规划（2018—2022 年）》文件中明确提出，要实施乡村振兴战略。这些政策展示了党和国家在乡村振兴方面的坚定决心。乡村振兴需要乡村文化的兴盛，而乡村文化的兴盛则需要乡村图书馆发挥引领作用。

1.全民阅读政策

从 2012 年中共十八大提出"开展全民阅读活动"，2014 年政府工作报告提出"倡导全民阅读"，到《全民阅读促进条例（征求意见稿）》《全民阅读"十三五"时期发展规划》政策文件的出台，推动全民阅读已经成为国家战略。

推动全民阅读是政府和社会各界广泛参与的共同责任。然而，我们要特别强调，图书馆，尤其是公共图书馆，是全民阅读的核心推动力量。公共图书馆在全民阅读中承担着独特的社会责任，必须履行其不可替代的历史使命。

首先，公共图书馆是社会发展的产物，反映了社会民主、公民权利、社会平等和信息公平等现代人文观念的成熟。建设图书馆不仅仅是建立一个机构，更是履行社会责任，完成历史使命的体现。图书馆的存在超越了机构本身的范畴。因为有了图书馆，每个社会成员都享有了自由、平等和免费获取与利用知识信息的权利，代表了知识信息的公平分配，进而维护了社会的民主和公正原则，传递了现代民主、公民权利和人人平等等重要的价值观念。这也是全民阅读的核心目标，与图书馆的核心价值观是一致的。而乡村图书馆在我国公共图书馆体系中分布广泛、数量众多，是基层公共文化服务体系的关键组成部分，也是面向基层实现文化建设的重要环节。

其次，让我们从阅读的角度来审视图书馆的重要作用。尽管阅读具有多种多样的形式，但是我们仍然强调深入阅读的价值。学习型的阅读可以帮助人们全面、系统地获取知识。知识被认为是强大的力量，它可以使人充实内在，也可以促使社会发生变革。即使是通俗的、娱乐性的阅读，我们也应鼓励有计划、有系统地多读好书，以培养健康有益的文化生活。深入系统的阅读需要具备完备的文献资源保障体系，而图书馆是提供这种资源的最佳场所，甚至可以说是唯一的场所。只有图书馆具备全面的文献资源和服务，能为读者提供全面、系统的文献支持。只有在图书馆，读者才能深入了解完整的科学知识体系和丰富的人类文化遗产，可以站在前人的肩膀上探索世界。这里所说的"前人的肩膀"，实际上指的是前人的成就，也就是文献，也就是图书馆。目前，还没有其他社会机构可以替代图书馆在阅读领域具有的功能和重要性。

在特定地区内，某些图书馆拥有资源、技术和管理方面的优势，它们在社区图书馆的管理和服务中扮演核心骨干角色，凸显了乡镇图书馆在地方范围内的中心地位。同时，依托于各级公共图书馆，针对乡村居民开展的阅读推广活动，可以有效地为乡村居民制定个性化的阅读活动，进一步推动全民阅读政策的实施。

2.《中华人民共和国公共文化服务保障法》

2015年1月，中共中央办公厅和国务院办公厅发布了《关于加快构建现代公共文化服务体系的意见》。2016年12月25日，第十二届全国人民代表大会常务委员会第二十五次会议通过了《中华人民共和国公共文化服务保障法》（以下简称《保障法》），并于2017年3月1日开始生效。这部法律是我国第一部关于公共文化服务和公共图书馆的国家法律。保障法明确重视基层公共文化服务，并多次强调了建设"基层综合性文化服务中心"以及对乡镇地区公共文化服务的重点支持，为社区图书馆建设提供了借鉴依据。

《保障法》还对具体的要求进行了规定，主要包括以下三个方面。

（1）国家重点增加农村地区图书、报刊、戏曲、电影、广播电视节目、网络信息内容、节庆活动、体育健身活动等公共文化产品供给，促进城乡公共文化服务均等化。面向农村提供的图书、报刊、电影等公共文化产品应当

符合农村特点和需求，提高针对性和时效性。（第三十五条）

（2）地方各级人民政府应当根据当地实际情况，在人员流动量较大的公共场所、务工人员较为集中的区域以及留守妇女儿童较为集中的农村地区，配备必要的设施，采取多种形式，提供便利可及的公共文化服务。（第三十六条）

（3）国家鼓励公民主动参与公共文化服务，自主开展健康文明的群众性文化体育活动；地方各级人民政府应当给予必要的指导、支持和帮助。居民委员会、村民委员会应当根据居民的需求开展群众性文化体育活动，并协助当地人民政府有关部门开展公共文化服务相关工作。国家机关、社会组织、企业事业单位应当结合自身特点和需要，组织开展群众性文化体育活动，丰富职工文化生活。（第三十七条）

由此可见，乡村图书馆的建设受到了极大重视。除此之外，乡村的公共文化服务内容也进入了公众的视野。《保障法》尤其强调了"促进城乡公共文化服务均等化"，而乡村阅读推广活动正是满足这个需要的有效方式。从《保障法》出发，乡村阅读推广活动应该朝着积极推动城乡公共文化服务均等化的目标不断推进。

3.《社区图书馆服务规范》

自 2012 年 5 月起生效的《公共图书馆服务规范》和 2013 年 1 月发布的《全国公共图书馆事业发展"十二五"规划》提出了一些基层服务的理念和措施。前者强调通过流动站、流动车等方式将文献外借服务和其他图书馆服务延伸到社区和村镇，进行定期的巡回流动服务；后者则着眼于建设基层图书馆设施网络，力争实现覆盖城乡、结构合理、功能完备的设施网络。另外，《社区图书馆服务规范》突出了社区图书馆服务必须免费、公开和平等的原则。社区图书馆作为公共图书馆体系的重要组成部分，应当天生具备这些特征，以保障社区居民的基本文化权益。

尽管公共图书馆的建设和发展是政府的主要职责，但单一的政府财政供给体系无法满足公共图书馆建设和发展的需求。因此，鼓励社会力量参与，包括社会组织和个人力量兴办公益图书馆以及志愿者队伍的积极参与，可以作为政府主导的公共图书馆建设的有益补充。在我国，已经有许多公益组织参与公共图书馆的建设,尤其是关注乡镇图书馆和社区图书馆。例如,满天星青少年公益发展中心建立了与乡村社区或流动人口社区合作的社区图书馆,其中包括在广州市海珠区龙潭村建成的第一所社区图书馆——兴仁馆,并直接运营。此外,社区图书馆还需要积极引入志愿者服务机制,吸引社区居民参与图书馆服务。例如,香港的志愿者服务机制已经非常成熟,社区图书馆不设专门的管理岗位,而是依靠居民自己提供服务和管理,让居民同时扮演读者和馆员的双重角色。

乡村阅读推广的开展,不仅可以将图书馆中的各类资源进行更加有效的利用,还可以针对当地的社区及乡镇居民开展更加有针对性的阅读服务。社区图书馆作为公共图书馆体系最深入当地群众的服务前线,在开展阅读推广活动时,具有得天独厚的优势。因为贴近群众生活,了解当地的风俗民情,在进行社区图书阅读推广活动的过程中,可以融入更多具体的当地文化风俗的元素,使之更加吸引当地居民。

(二)乡村阅读推广的可行性分析

全民阅读和乡村文化振兴战略为乡村阅读推广活动提供了良好的外部发展环境。首先,国家政策和资金支持促进了乡村阅读推广。自党的十八大以来,全民阅读和构建书香社会已经成为国家战略。相关部门在官方文件中多次强调了乡村公共文化服务体系的完善,增加了乡村地区的文化服务投入,并为乡村地区的阅读推广提供了政策支持。财政部也发布了官方文件,要求资助乡村地区的公共文化体系建设,并设立了专项账户,以提供充足的资金支持。其次,公共图书馆和出版社可以提供专业的支持。公共图书馆作为文化传播的关键场所,拥有大量的文献和专业人才,能为乡村居民读者提供专业的读书、交流和培训活动,以及农业技术的推广服务。出版社可以为乡村阅读推广提供专业文献,并根据乡村居民读者的需求提供咨询和印刷等文化服务。再次,我国已有成功的乡村阅读推广案例可供参考。一些经济发达的省市已经积累了一些成功的经验,可以为其他地区提供指导。地方图书馆可以将这些成功经验用作理论基础,结合自身情况有针对性地开展后续的阅读推广工作。

四、乡村阅读推广的社会必要性

乡村振兴,既要塑形,也要铸魂,乡村振兴离不开文化振兴。

现阶段,居民的阅读量整体偏少,公共阅读资源不足,区域阅读水平发展不均衡,乡村地区与城市地区相比,人民的阅读水平较低。针对这种情况,必须积极开展基层阅读推广工作,将乡村作为未来一段时间阅读推广的主阵地,使居民的文化水平得到不同程度的提升。

自进行全民阅读活动以来,国内掀起了阅读热潮,乡村地区的阅读设施建设也得到了改善。

自文化振兴战略提出以来,各级政府都高度重视提升全民素质和构建学习型社会。在这一背景下,有效地开展乡村阅读推广工作不仅有助于乡村文化、教育和产业振兴,还成为实现乡村振兴的关键条件之一。

当今乡村社会矛盾已发生变化,乡村居民追求的不仅是物质需求的满足,还有了更高的精神文化需求。积极推广阅读、创造良好的阅读环境、培养浓厚的文化氛围,以及提供专业化的阅读知识培训,有助于培养乡村居民的文化素养,使阅读成为他们生活的一部分。通过系统的阅读推广活动,乡村居民的文化素养将得到显著提高,有助于巩固他们的文化信心,并促进优秀传统文化的传承。

随着城市化进程的加快,许多乡村居民涌入城市,留守在乡村的人急需获取知识,提升文化素养、专业技能和创新能力,以促进乡村文化教育的良性发展。同时,乡村产业正在经历转型,包括教育、生产、加工和旅游等领域。在这一多元产业链中,积极推动阅读推广工作可以引导乡村居民拓宽思维,确立绿色、健康和可持续的发展方向。

(一)全民阅读是我国重要的文化发展战略

在中国,全民阅读的推广早在1982年就开始了,当时上海举办了名为"振兴中华"的读书活动,为全民阅读奠定了基础。1997年,中央宣传部等部门发起了"倡导全民阅读,建设阅读社会"的呼吁,设立了全国"知识工程"

领导小组；2000 年，全国"知识工程"领导小组将每年的 12 月定为"全民读书月"。这些举措旨在推动全民阅读，培养阅读文化。

2006 年 4 月，中宣部、中央文明办等多个政府部门联合发出《关于开展全民阅读活动的倡议书》。这一举措为全民阅读推广工作铺平了道路，使其在全国范围内快速展开，并取得了显著的成果，标志着全民阅读推广的重要里程碑。随后的发展也见证了全民阅读在国家层面的逐步提升。全民阅读已经逐渐成为国家文化发展战略的一部分，也成为各级政府和相关职能部门的重要工作之一。

2016 年 12 月，我国发布了首个全民阅读规划——《全民阅读"十三五"时期发展规划》，首次明确了全民阅读工作的指导思想、基本原则和主要目标。每年都有超过 8 亿人次参与"书香中国"系列活动。全民阅读不仅在文化领域，还在弘扬中华优秀传统文化和社会主义核心价值观方面发挥了重要作用，为实现中华民族伟大复兴提供了文化支持。

全民阅读活动具有鲜明的公益性质。根据《全民阅读"十三五"时期发展规划》的要求，必须积极推动全民阅读推广服务体系的城乡一体化建设，坚守公益性原则，确保基本性、均等性和便捷性的统一，面向基层和广大群众，以确保每个人平等享有基本阅读权益。这意味着我们必须高度重视乡村阅读推广工作，真正推动乡村居民的阅读事业。

（二）全民阅读是文化法治的重要内容

2013 年，全民阅读立法工作开始启动，随后于 2014 年和 2015 年分别纳入国务院法制办公室的立法规划项目，并被中宣部纳入我国文化立法的五年规划。2017 年 3 月 1 日，《保障法》正式生效，将"全民阅读"写入其中，作为一部公共文化领域的基础性法律，该法律从国家的角度赋予全民阅读以国家法律的地位，也为国务院立法提供了法律依据。2017 年 3 月 31 日，国务院法制办公室向社会发布了《关于〈全民阅读促进条例（征求意见稿）〉公开征求意见的通知》，目的是进一步增强立法的公开性和透明度，提高立法质量，这意味着全民阅读立法正在"换挡提速"，文化立法的进程直接推动了全民阅读的发展。自 2018 年 1 月 1 日起生效的《中华人民共和国公共图书馆法》要求公共图书馆将全民阅读作为其重要职能之一，这标志着图书馆的角色由主要藏书和管理书籍转向主要提供阅读服务。

在地方上，关于全民阅读立法的实践也已取得了一定的进展。例如，江苏省于2014年发布了《江苏省人民代表大会常务委员会关于促进全民阅读的决定》，湖北省于2014年颁布了《湖北省全民阅读促进办法》，辽宁省于2015年发布了《辽宁省人民代表大会常务委员会关于促进全民阅读的决定》，深圳市于2015年颁布了《深圳经济特区全民阅读促进条例》，四川省于2016年发布了《四川省人民代表大会常务委员会关于促进全民阅读的决定》等。地方立法的成果为国家层面全民阅读相关法律的制定打下了良好基础。

文化立法为全民阅读提供了坚实支持，成为该事业的"核心支柱"，文化立法的推进也直接推动了全民阅读事业的蓬勃发展。在政策法规的不断完善和加强下，预计全民阅读工作将迎来更大的突破和创新。

（三）乡村阅读推广是图书馆事业发展的重要方向

当下，国内外都已经将阅读推广活动视作公共图书馆的重要工作内容。《公共图书馆宣言》明确将推动阅读作为图书馆的重要任务之一，这一点也在国际图书馆协会联合会等国际组织的相关宣言和文件中得到了强调。例如，《突尼斯宣言》等文件都高度重视并突出强调了阅读的重要性。这一国际共识有望在全球范围内进一步推动阅读事业的发展。

在我国，2005年，"倡导全民阅读"写进《中国图书馆学会章程》；2006年，中国图书馆学会阅读推广委员会成立，下设阅读文化研究、阅读推广理论研究、残疾人阅读等21个专业委员会。其中，乡村阅读推广专业委员会承担着理论研究与实践推动的双重任务，在阅读推广委员会的指导和工作部署下，以全力鼓舞县层民众阅读为己任，致力于有目标、有计划、有步骤、多方面、连续性开展乡村图书馆的建设研究及社区乡村阅读活动的广泛实践，培养阅读习惯、创造阅读条件、营造阅读氛围、开展阅读活动，推动书香社会、和谐社会的建设。

对于乡村阅读推广来说，公共图书馆是绝对主力。目前，还没有任何社会机构在阅读这一功能上可以取代公共图书馆。因此，公共图书馆应在基层阅读推广事业中发挥主力军作用。

(四)乡村阅读是全民阅读的重要组成部分

基层图书馆是图书馆事业的基石,也是构建公共图书馆服务网络不可或缺的部分。阅读的生命在基层,效果体现在基层。公共图书馆的服务对象是社会大众,大力开展形式多样的阅读推广,特别是面向基层的阅读推广,能让社会民众享受到均等化、专业化的公共服务。只有深入地从基层出发开展全民阅读,才能让广大人民群众真正爱上阅读,享受文化发展成果。对于全民阅读来说,需要全力推动基层民众阅读,努力践行面向基层的阅读推广工作,积极培养基层民众的阅读习惯,进一步营造全民阅读氛围。

乡村阅读推广是全民阅读事业不可或缺的组成部分,其目标是将全民阅读理念贯彻到个人和家庭生活中。乡村居民对阅读有迫切的需求,尤其是在国家大力推动精准扶贫和乡村振兴的背景下,乡村阅读推广工作尤为重要。

第二节 乡村阅读推广的重点任务

当今对乡村振兴和乡村文化振兴提出了新的要求,即乡村居民应在物质生活和精神生活两个方面都实现共同富裕。为应对当前乡村阅读推广面临的问题,乡村阅读推广人员需要长期发展目标。他们应以各类乡村阅读活动的充实开展为基础,努力在广大乡村地区营造浓厚的阅读氛围,以确保阅读理念深入人心。同时,乡村地区的阅读推广需要在全民阅读的相关环节全面提升,包括提供高质量阅读资源、改善乡村基层公共阅读服务设施、培训专业的阅读推广人员、发挥社会公益阅读机构的作用,以及完善乡村地区的全民阅读工作体制机制等。目标是在5~10年内建立适应乡村振兴要求且满足广大乡村居民需求的全民阅读推广服务体系,以实现我国乡村居民整体素质和乡村社会文明水平的显著提升。

对于开展乡村阅读推广来说,主要任务可以分为以下四点:第一,吸引注意,激发大众阅读兴趣;第二,培养公众阅读能力,倡导深阅读;第三,优化阅读内容,提供高质量读物;第四,建立健全基础设施,创造阅读条件。

一、吸引注意,激发大众阅读兴趣

爱达(AIDA)模式认为,一位成功的推销员需要将潜在顾客的注意力引导到产品上,激发他们对产品的兴趣,从而引发购买欲望,最终促使他们采取购买行动,完成交易。AIDA是这个模式的首字母缩写,分别代表以下四个步骤:A代表attention,即吸引注意力;I代表interest,即引发兴趣;D代表desire,即激发欲望;最后一个A代表action,即促成购买。这一模型同样适用于乡村阅读推广。

在乡村阅读推广过程中,为了让公众真正开始阅读,需要吸引公众注意阅读,进而激发大众阅读兴趣,这就要求了解大众的阅读需求。近年来,随着全民阅读的深入推进,《全民阅读调查报告》《全民阅读兴趣报告》等调查数据不断涌现。国内多个省市也相继公布了本地区的全民阅读状况。对于公众阅读兴趣的关注，反映了在阅读推广不断推进的过程中以公众体验为中心的理念。

乡村阅读推广区别于针对特定群体的阅读推广活动，其面向对象在年龄、职业、收入等方面存在显著差异，因此阅读需求更加多样化，往往难以从整体出发概括其需求。这意味着在阅读推广过程中，要深入分析其需求，及至实现精准阅读推广与个性化阅读推广。在充分了解乡村阅读需求的基础上，通过各种方式倡导全民阅读，激发社会公众的阅读热情，促使公众接受阅读、重视阅读，并产生兴趣和共鸣。培养公众的阅读习惯，从而促进阅读氛围的形成和良好阅读习惯的养成，营造全社会"勤读书、多读书、读好书"的浓厚氛围。

二、倡导深度阅读

不可否认，经过多年的努力，我国的全民阅读事业已经取得了一定的成效，继续巩固和扩大这些成果，让更多的公众参与阅读，享受阅读的乐趣，乡村阅读推广的重要意义之一即在于此。基层阅读推广面对着极广的受众群体，是全民阅读推广中绝对不能忽视的重要环节。因此，我们需要思考如何能让阅读推广工作进一步深入基层。碎片化阅读倾向的日益凸显使浅阅读成为大众的阅读方式。乡村阅读推广工作需要摆脱流于表面的情况，让阅读真正发挥作用，取得更好的效果，甚至促使阅读成为推动社会文化经济向前发展的力量。

要让阅读成为公众长期的习惯，在阅读中产生思考创新，从浅阅读迈向深阅读是乡村阅读推广的重要任务之一。其中的关键是提升公众的阅读能力。阅读，是一种大教育；阅读能力，其实就是教育所需培养的学习能力。我国全民阅读著名的倡导者、领读人聂震宁提出了"阅读力"这一概念。《读书力》一书指出，超脱于兴趣与爱好之外，阅读还应该是一种能力。

在一系列的阅读推广活动中，通过专业引领、广泛推广有利于培育乡村居民阅读能力的各类阅读活动，让阅读推广的功能从书籍推荐、阅读组织等扩展到阅读能力教育和阅读素养培育，推动阅读能力素质与阅读涵养的培育提升。有了阅读能力的提升作为基础，图书推荐与经典导读等活动才能更好地发挥作用和价值，让每位读者能透过文字实现精神与灵魂的成长。除了功利性阅读、浅阅读外，阅读还应该在培育民族精神、涵养人文情怀、奠定文化根基、丰富人文素养上发挥作用。因此，阅读推广需要推行有质量、有分量的阅读。只有公众阅读能力得到提升，才能最终导向持久的全民阅读氛围，进而促使阅读迸发力量。

三、提供优质读物

《全民阅读"十三五"时期发展规划》提出了加强优质阅读内容供给为重点任务之一，要求实施重要出版物发行计划和杰出著作推介项目。特别是在乡村阅读普及方面，读物的质量和水准至关重要。

对于什么是优质读物，并没有可依据的通行标准。我们认为，优质读物至少应该具备以下四个特征。首先，该读物必须是正版读物，来自正规渠道。这是基本前提。其次，该读物应该有用，不论读者是为了休闲娱乐还是专业学习，抑或其他的正当目的，读物都应该能满足读者的需求。再次，内部结构和逻辑关系真正合理地表现出它承载的知识和思想，能让读者在智慧、精神境界与伦理道德等方面有所收获。最后，重视细节。对于出版物来说，书稿文字的润色修饰、客观事实的校对、历史事件的订正、译文的核查修改等，是一本书的质量底线，非常重要。

"互联网＋"时代，信息技术已经广泛应用于各领域。随着数字阅读的兴盛、在提供优质内容方面，数字出版物的质量也需重视。国内的乡村数量庞大、想要完全实现公共阅读空间的普及基本是不可能的，但是数字阅读可以走进千家万户。虽然国内对于数字出版的行业规范和相关标准尚未健全，但是这并不意味着数字读物在乡村阅读推广中可以"蒙混过关"。2016年，全民阅读十项工作明确提出提高数字化阅读的质量和水平。数字阅读读物更要坚持正版内容，坚持弘扬和传播我国优秀的传统文化，坚持关注青少年的成长，积极践行推广全民阅读的社会责任。

四、建立健全基础设施

乡村阅读推广考虑的是"百姓的事"。因此，乡村阅读推广需关注百姓的切身利益，从百姓的便利性、舒适性出发，探讨更多让百姓体会到切实好处的做法。让社区和乡村的居民真正拥有适宜的阅读空间，拥有高质量的阅读体验和参与阅读活动的机会是非常重要的。

近几年，社会上各种类型的新型创意阅读空间层出不穷，很多公共图书馆也越来越追求读者的空间体验和舒适度。良好的阅读氛围、文艺优雅的空间设计、便利的设施都成为这些读书场所的亮点。然而，现在的社会现实是，在公共图书馆和书店享受阅读乐趣成为一种"奢侈"的生活。部分读者为了去书店看书或参与读书活动往往要在路上花费几个小时的时间。对乡村的居民来说，这更是非常困难甚至是不可能实现的事情。社区书店和乡村书店、社区图书馆、农家书屋等的匮乏是乡村阅读推广中亟待解决的问题。

可喜的是，公共图书馆界一直在提倡"5分钟文化圈""10分钟文化圈""5公里文化圈"等概念，相关实践也在努力推进。24小时图书馆、城市书房的创新创意实践也逐渐出现在更多的城市。在未来，如果能进一步加强基层公共阅读空间的建设，让乡村的居民都能在其生活半径内找到合适的公共图书馆，那么对于乡村阅读的普及将大有裨益。

第三节 乡村阅读推广的主要对象

提升乡村居民的阅读水平成为乡村阅读推广的首要任务和核心目标。然而，目前我国的乡村经济和社会发展呈现出显著的分化趋势，影响乡村人口结构的均衡性，乡村阅读推广需要面向广泛受众，包括儿童、老人和乡村建设者。针对不同群体的特点和需求，推广工作应有针对性地展开。首先，留守儿童需要关注，他们缺乏家庭照料，自制力差，需要借助阅读打发课余时间；其次，留守老人和独居老人也需要帮助，他们行动不便，文化水平相对较低，需要适合他们的阅读材料；最后，乡村建设者是乡村建设的中流砥柱，他们在家乡的经济建设中发挥着重要作用，需要针对他们的阅读需求提供服务。全面推进乡村阅读，是提高乡村居民文化素养的重要途径。

一、乡村儿童：亟须养成良好的阅读习惯

乡村的未来寄托在年轻一代，特别是乡村儿童。他们的阅读水平直接关系到个人未来的发展。因此，乡村阅读推广工作应侧重培养乡村儿童的阅读兴趣和阅读能力，以提高他们的学习能力。这既是改善乡村儿童未来生活质量的主要途径，也是他们可持续发展的关键机遇。

目前，乡村儿童的阅读情况堪忧，尤其是留守儿童，由于长时间缺乏人陪伴，对阅读表现出不太积极的态度。调查数据显示，我国 9～13 岁的乡村少年儿童中，明确表示"喜欢阅读"的比例（80.2%）明显低于城镇少年儿童（90.6%）。在同一年龄段的乡村少年儿童中，明确表示"不喜欢读书，几乎不看"的比例（15.8%）高出城镇少年儿童（7.7%）一倍多。另外，在 0～8 岁的儿童中，乡村家长表示"孩子不喜欢读书"的比例（12.9%）也高于城镇儿童（5.7%）一倍多，而"没有多余的钱购买课外书"而导致孩子不读书的比例（7.9%）明显高于城镇儿童（0.4%）。

《乡村小学阅读报告》的调查数据显示，乡村小学生最喜爱阅读的课外

书类型为"漫画类书籍",占比达34.7%,娱乐化的阅读取向较为明显。大多数孩子看课外书只看插图和情节,走马观花,做读书笔记的很少,乡村学生的阅读能力不高,积极性不够,存在的问题多且复杂。不仅仅是图书选择的问题,电子产品的"外部竞争"在新一代乡村青少年中的影响更加深刻。电子产品的介入不可避免地抢占了学生的阅读时间。《乡村小学阅读报告》显示,有两成左右的乡村小学生表示,自己因为"更喜欢看电视、玩游戏"而不读课外书或不经常读课外书。追求趣味性是孩子的天性,教师需要做的是"顺势而为"。如何"顺势而为"?专业、生动的课外阅读指导并非教师的"天赋技能",部分乡村教师的教学方式和认知也亟待转换。

由此可见,乡村未成年人的阅读态度和阅读环境与城镇未成年人存在较大差距,培养乡村未成年人的阅读兴趣和阅读习惯面临着巨大挑战。尤其令人担忧的是乡村留守儿童群体,这是在我国传统的二元经济向现代市场经济转型过程中出现的一类特殊群体。他们的家庭相对贫困,加上父母为改善家庭生活而外出工作,导致他们长期无法享受到父母的陪伴和关怀。他们的阅读环境和条件相对落后,缺乏基本的阅读保障。这不仅会妨碍他们养成良好的阅读习惯,还容易使他们陷入生活困境和文化贫困的恶性循环之中。

二、乡村老人:需要与乡土文化相结合的阅读活动形式

随着老龄化社会的到来,乡村老人越来越多。尤其是,空巢老人群体日益庞大。囿于年龄和认知,老年群体知识接受能力较差,个人阅读能力几近于无,属于文化教育中的弱势群体。尤其是,对那些需要陪伴留守儿童的老年群体来说,他们是唯一能承担起亲子阅读重任的家长,要代替父母完成引导、陪伴孩子阅读的任务。但对绝大多数乡村老人来说,独立完成个人阅读都难以实现,更遑论引导孩子完成亲子阅读任务了,他们需要其他专业机构或人员的辅助指导。

老年群体的个人阅读面临多重挑战。首先,他们的身体健康状况逐渐下降,可能因视力问题等难以使用传统纸质阅读方式;其次,虽然互联网在许多乡村地区已得到普及,但老年人使用电子设备进行阅读仍面临各种障碍。

因此，乡村阅读推广人员需要考虑采用听书和视频阅读等方式，以满足老年人的阅读需求。

此外，对老年人来说，满足其内在精神需求的方式不仅限于传统的图书阅读，他们更需要一种能同时满足社交和文化需求的空间，以填补内心的空虚。新型的阅读空间，如农家书屋和乡村书店，可以为他们提供一个融合社交、健身、娱乐和知识获取的场所。在这些地方，他们不仅可以通过阅读获得心灵上的满足，还可以通过唱歌、跳舞、观看电影等方式娱乐身心，全面满足他们的精神文化需求。这种多元化的文化体验有助于老年人更好地享受阅读和社交的乐趣。

观察当前的乡村阅读推广活动，我们发现，城市的阅读推广方式和活动在乡村并不适用。为了让阅读在乡村扎根并保持持久的生命力，乡村阅读推广人员需要将阅读与乡村文化建设和日常生活相融合。比如，将阅读活动与传统的对联、舞龙舞狮、皮影戏等传统文化元素结合起来，这样乡村居民更容易找到自己文化根脉中的精神滋养。

三、乡村建设者：通过阅读促进知识更新迭代

在中国的城市化进程中，乡村地区面临着一系列问题，如人才流失和产业结构调整缓慢等。特别是在经济不发达地区，人才外流问题尤为严重，导致乡村常住人口之间的社会经济差距不断扩大。在这种情况下，那些留在乡村并投身家乡建设的中青年群体成为乡村建设的关键力量，他们在乡村文化建设中具有重要地位。他们承担着振兴乡村经济和文化的双重责任，因此迫切需要通过阅读更新知识、改变思维和观念，以适应快速发展的新型乡村建设方式。

首先，随着时代的变迁，乡村的生产和生活方式发生了巨大改变。科技含量较高的机械化农业生产方式，如无人机等的广泛应用，需要乡村建设者通过阅读增进对现代科技的理解和应用能力。

其次，在美丽乡村建设的推进中，乡村民宿、乡村旅游和直播带货等新型经济业态正在乡村地区兴起。作为核心力量的乡村建设者可以通过多种适

合他们媒体习惯的阅读方式学习最新的经济和文化知识，比如，通过听书和视频阅读等方式获取新知识的信息。

不同的读者群体具有各自的群体意识，而同一群体内部则遵循特定的阅读目标和阅读规范，包括相似的阅读价值观和阅读方法。在当今时代潮流中，每个乡村社区的成员都需要紧跟科技和文化的发展趋势，以履行乡村振兴的历史使命。这需要社区成员广泛参与各种形式的阅读，以更新知识。对那些教育水平较低的乡村建设者来说，这既是机会也是挑战。

第二章 乡村阅读的现状

近年来,乡村阅读逐渐成为"书香中国"的亮丽一景。数据显示,目前全国各地已建成农家书屋约 60 万家,配送图书超过 13 亿册,但与此同时,2022 年,我国城镇居民图书阅读率为 68.6%,乡村居民图书阅读率为 50.2%,这表明我国城乡居民阅读水平还存在差距。

第一节 乡村阅读的阅读特点

从整体来看,一方面,当前乡村居民的文化素质相较社区居民偏低,阅读意识不强。接受教育的程度不高也导致这些居民对阅读的重视程度远远不够,甚至在一些乡村,向老年人开展阅读推广是不可能的,因为有一部分老年人甚至缺乏最基本的识字技能。针对乡村阅读推广,其推广方式应该是灵活多样的,而且需要足够"接地气"。从阅读书目的推荐来看,篇幅短小、文字浅白易懂、题材通俗的作品往往更受乡村居民的欢迎。有学者认为,可以将阅读与当地民俗广泛融合,与乡村节庆文化结合起来。另一方面,乡村基础设施的不健全问题远严重于社区,因此,在乡村阅读推广过程中,为乡村居民提供公共阅读空间也是重中之重。

一、关于"读了书,有啥用"的质问

但凡书籍,都分为不同种类,其中有"经世的方法",有"真理的味道",也有"诗和远方"。但不少乡村居民开卷前都会问上一问:"读了它,有啥

用？"对他们来说，"星辰大海"是什么，"诗和远方"在哪里？部分人的答案或许并不明晰。

这给我们带来了新的思考。事实上，阅读不仅仅是找到解决实际问题的方式，更是找到解决思想问题的钥匙，而回答"为什么要阅读"，逻辑也是如此，解决观念问题是当务之急。"强硬推送"不好使，摸清为什么要阅读、什么样的书籍才被乡村居民所喜欢与认可是关键所在。

二、"硬件有余，利用不足"的困境

不容忽视的是，目前，广大乡村的一些阅读阵地如农家书屋等，不同程度存在"有场地、缺人气"，图书内容不合口味，开放时间不贴合群众实际等问题。有的农家书屋，长期"铁将军"把门，甚至书上的灰都堆起来不少。

林林总总的问题，究其原因，既有时代变迁带来的影响，也有部分农家书屋自身运行管理的不足。比如，一些农家书屋建设标准不高，服务功能性和针对性不强，既没有持续的经费和资源投入，也缺少能当好农家书屋"操盘手"的管理员，对群众的吸引力自然就不够。

三、阅读需求不一样

公共图书服务体系给乡村送去了一批批书籍，解决了许多人的阅读需要。但如果细分来看，那么情况各种各样：老年人可能喜欢听有声的，中年人或许更渴望看人文社科，少年则对动漫充满了无尽的兴趣。那么，阅读服务如何满足不同群体的实际需要呢？

不仅如此，在不同发展阶段，乡村居民的阅读需求也有不同。比如，过去乡村发展经济较为迫切，群众对农业科技、种植养殖、医药卫生的图书较为需要；而随着乡村振兴的推进和生活品质的提升，群众对文化文艺、亲子阅读、休闲康养等个性化需求则日益突出。

此外，目前乡村阅读工作还面临着推广专业人员稀缺、缺少针对性阅读服务等问题。

第二节 乡村阅读的阅读趋势

根据中国新闻出版研究院最新发布的第二十次全国国民阅读调查,2022年,中国成年国民数字化阅读方式的接触率高达 80.1%,增幅高于纸质图书阅读率,数字阅读已逐渐成为全社会的一种生活方式。伴随信息技术的迅猛发展,数字阅读因内容丰富、形象生动、灵活便捷等优势,越来越受到乡村居民的青睐。

一方面,这种便捷的阅读方式,可以让乡村居民更加方便地获取阅读资源和更加丰富的阅读体验,帮助大家提高阅读兴趣和阅读水平,促进知识传播和文化交流。另一方面,如何借助数字化的力量,深入推进乡村阅读高质量发展,实现乡村阅读快速普及化、立体化、多元化,更好地满足乡村阅读新需求,也是相关从业者要回答的一道问题。

近年来,各地的图书馆、农家书屋通过数字化手段不断提升服务水平,积极打造乡村阅读文化,以帮助解决乡村阅读中的"最后一公里"问题。

随着我国乡村经济的增长和公共文化事业的不断发展,市场上涌现出了更多专门针对乡村用户的数字化阅读产品和服务。

据了解,电子书市场在乡村用户中变得越来越受欢迎。通过各种移动设备,乡村居民可以轻松地阅读各类书籍。一些电子书平台也积极推出针对乡村用户的特色服务,例如,提供本地地域文化书籍和本地文化活动咨询。网络小说因其内容多样化和快捷阅读等特点,受到乡村用户的喜爱。一些平台还提供在线听书等服务,更符合乡村用户的阅读需求。此外,一些阅读产品和平台在乡村地区设立了服务点,提供更便捷的线下服务,如图书借阅。

当前,许多数字内容、数字出版和人工智能领域的企业都推出了专为乡村用户设计的数字化阅读产品与服务。例如,中国移动咪咕公司通过引入全场景、跨媒介的"比特图书"等数字资产,积极推动乡村文化的数字化进程,扩展了乡村阅读的场景、服务和体验。他们将"比特书房"等阅读空间与农家书屋深度融合,创造了个性化的比特场景,实现了全感官的沉浸式阅读体验，从而构建了一个全新的元宇宙乡村阅读生态系统。

中文在线在旗下的平台软件和产品方面进行了深入分析，以了解其优势和劣势，并针对不同场景推出了多样的、有针对性的阅读解决方案。基于在数字农家书屋建设方面积累的丰富经验，中文在线在理论上论证了通过建立边缘计算平台来在极端环境下提供智慧阅读环境保障的可行性，其主要目标是为偏远地区的孩子提供在阅读方面的支持和帮助。

阅读需求采集不足、阅读体验较为单一，以及本土化内容和高品质内容供给不足等问题制约着乡村居民阅读兴趣和阅读水平的提高。如何提升广大乡村居民的数字阅读体验，促进乡村阅读的创新，是从业者必须思考的课题。

在全国人大代表、南京图书馆研究员刘忠斌看来，在乡村地区，由于经济和文化水平相对落后，很多居民的阅读需求并没有得到充分的满足，尤其是对于新的数字阅读方式和内容的需求采集不足。许多乡村居民尚无法享受到数字阅读带来的便利和丰富阅读体验。

"针对乡村阅读中存在的问题，需要政府、社会组织和企业等多方合作，加强数字阅读平台建设，丰富阅读资源，提高网络带宽和覆盖范围，推动本土化内容和高品质内容的供给，以此促进乡村居民阅读兴趣和水平的提高，推动乡村文化发展和经济繁荣。"刘忠斌认为，要加强虚拟阅读空间建设。在阅读供应上，丰富数字内容资源的生产与供给，根据广大乡村居民实际阅读需求，打造数字阅读平台，实现数字资源的高效整合与精准供给；在阅读终端上，利用电脑、平板、智能手机等数字终端开展数字借阅服务，积极开发公共阅读服务平台，集合数字、音频和视频资源，打造多元传播矩阵同步推送优质内容；在阅读实践上，依托公共图书馆优质师资力量，通过阅读推广下基层等形式为乡村居民提供数字阅读设备培训和指导，降低乡村居民数字阅读门槛，适应乡村阅读数字化发展趋势。

刘忠斌表示，可探索构建"元宇宙+农家书屋"多元服务模式。可以在元宇宙平台上创建一个虚拟的乡村阅读空间，让乡村居民可以在虚拟世界中畅游，阅读各种内容，将线上阅读和线下实践相结合，打造一个更加完整的数字阅读生态系统。例如，可以组织线下文化活动，如读书分享会、文化沙龙等，与线上阅读平台相结合，形成数字阅读社群，提升乡村居民的数字阅读体验。

有学者建议，要深入乡村基层，围绕群众的阅读需求开展调查研究，从阅读内容、阅读方式、阅读习惯等方面，全面了解乡村群众的阅读现状，对阅读工作中存在的主要问题进行分析，特别是因地制宜针对乡村群众开展数字阅读进行研究，提出在新技术快速发展的趋势下，在乡村地区开展数字阅读的有效做法。

数字资源是数字阅读的核心，图书馆要把持续丰富数字阅读内容和不断加强服务供给作为开展数字阅读的重要基础。为进一步丰富广大读者的阅读需求，特别是满足地处偏远、文化设施基础落后的乡村读者的需求，青海省图书馆坚持内容导向，把内容质量放在首位，努力打造"指尖上的青图"，在广泛开展数字阅读的基础上，推出了"青图悦听"有声图书馆，引进了喜马拉雅音频分享平台，汇集有声小说、有声书籍、有声读物等专辑，音频内容覆盖财经、音乐、新闻、商业、小说等有声内容。通过开展"有声阅读"，广大乡村"爱读书、读好书、善读书"的阅读氛围日益浓厚，数字阅读为助推乡村全面振兴和美丽乡村建设赋予了更多文化内涵。

要通过空间重构、技术驱动和融合发展，进一步拓展数字阅读场景，缩小城乡数字阅读差距。充分发挥数字阅读灵活、方便、快捷的特点，以数字科技的加持，将数字化、网络化、多媒体化的优质数字资源传递到读者身边。要针对乡村读者的阅读习惯，打造以"悦读、悦听、悦视"为主题的跨场景的全民阅读服务圈，让更多的乡村群众享受到数字阅读带来的便利。

为了改进乡村用户在开展数字阅读时存在的问题，有学者建议加强数字书屋的人才建设及储备。书屋管理者和运营者就是一名导读员，将文化普及深入更广阔的乡村地区，助力乡村振兴。除此之外，我国乡村也可依靠当地独有的文旅资源优势，以农家书屋发展延伸文旅融合服务空间，打造出"农家书屋＋文化旅游"的产业新模式，真正让乡村居民与游客共享"诗和远方"的"慢生活"，打造成"文明新风"高地。

第三节 乡村阅读主要依赖的 App

一、社会化阅读平台的分类

目前，社会化阅读平台主要有三种模式。第一种是"阅读主导型"，主要包括各种移动阅读 App，典型代表有 ZAKER、Flipboard、Wattpad 等专门的社会化阅读应用，既包括掌阅、起点中文网、书旗小说等以小说内容为主的客户端，也包括新浪新闻、搜狐新闻等公布新闻内容的 App。这些平台以阅读功能为主，主要特点是内容丰富，信息量大，以图文传播形式扩大阅读范围和阅读效果。

第二种是"互动社区型"，主要是指传统的网站阅读社区，包括豆瓣网、贴吧、地方论坛、知乎等可以进行阅读、跟帖、发帖的互动网站。这种模式以社区式的互动为主，最大的特点就是读者针对阅读内容产生 UGC 并进行互动，通过活跃的讨论达到传播与增效。

第三种是"社交嵌入型"，主要是指嵌入社会化媒体中的阅读社区，包括微信朋友圈和公众号、QQ 空间、微博等社会化媒体中发布或分享的文章。这种模式最初是社交平台形态，后续开发了阅读功能，在社交网络规模较大的基础上推广阅读。集社交、阅读、分享、传播等于一体，在社会化阅读平台中占据主要地位。

二、当前我国乡村居民常用的 App

1.微信

微信基本上是必备的 App，沟通方便，界面简洁，乡村居民使用能轻易上手，前几年很多乡村居民都是为了与外地的亲属子女沟通方便安装的。

2.快手

快手基本上乡村居民手机里都会安装，每天刷视频看直播，是一款比较接地气的视频软件。

3.火山

火山也是一款视频软件,没有快手的用户群体大,但是用户数同样可观,内容与快手基本差不多,表现形式略有不同。

4.种子库

种子库是一款在乡村居民群体中比较普及的工具类、电商类 App,国内较专业的农作物种子交易平台,大部分种子企业都在种子库平台进行销售,公司多、品种多,以"种源安全"著称,实测后提供种子的试种、代理和厂家直销。并且,用户能在平台上查阅各品种田间展示的视频和图片,能直接看到种植效果,是比较实用的一款 App。

5.墨迹天气

墨迹天气属于工具类 App,是一款乡村居民查天气比较方便的产品,天气对农业的重要性,就不言而喻了。

6.今日头条

今日头条属于资讯类 App,该应用软件在乡村市场使用量比较广泛,有一定的用户基础,可以查看各种新闻资讯,当然目前都是自媒体,信息量巨大,有看不完的内容,兴趣匹配做得比较好。

7.QQ

QQ 与微信同属于腾讯系的产品,之前在乡村市场占有率较高,自从有了微信后,很多人都转到微信了。在乡村市场,QQ 的使用率已经逐渐降低了。

8.抖音

抖音是一款视频 App,与今日头条、火山同属于字节跳动的产品,受乡村的生产生活模式制约,前些年在乡村市场占有率不高,但近几年在乡村的占有率逐年递增。

9.搜索软件

搜索软件是一个分类,没有具体到某一个软件,搜索是刚需,目前使用最多的还是百度,但很多手机自带的浏览器有内置默认的搜索,因此用户使用比较分散,搜狗搜索、360 搜索、神马搜索,目前都是有一定市场占有率的 App。

第三章　乡村阅读推广的对象与需求

不同层次的读者反映在思想、行为和社会地位等方面也有很大程度的差别。他们在文化程度、兴趣、个人修养方面存在着差异，因而在阅读需求、动机、理解深度、阅读方法及阅读目的方面有较大差别。同一阶层读者的兴趣、爱好相近，其阅读内容会相对较为接近，其阅读能力、阅读方式也会较为集中和相似，如知识分子读者、学生读者、工人读者等的阅读行为明显带有各自的特点，存在着差异，这体现出读者阅读存在阅读内容和阅读水平上的层次性。

如前文所述，乡村阅读推广面向全体乡村居民，必须因人而异、因地而异开展阅读推广，如此，才能取得良好的推广效果。我们通过具体调查了解黑龙江地区乡村阅读推广的对象与需求，并在充分掌握大量原始数据的基础上，对数据进行统计分析，发现关于乡村阅读推广对象的共性问题，进而结合研究结论提出相应的解决方案。

第一节　对象调查与需求分析

一个民族的阅读水平如何，在很大程度上体现了其国人的素质，因此对于阅读应尤为重视。我国已经将"促进国民阅读"列为国家公共文化建设重要工程，由中国新闻出版研究院最新发布的第二十次全国国民阅读调查显示，国人的阅读状况正在发生着改变。

（一）2022年，我国成年国民的综合媒体阅读率持续稳步增长，数字化阅读方式的接触率增长略高于纸质图书阅读率

2022年，我国成年国民的综合阅读率，包括图书、报刊和数字出版物，达到了81.8%，相较于2021年的81.6%有了微小的提升，升幅为0.2个百分点。

在图书阅读方面，2022年，我国成年国民的图书阅读率为59.8%，略高于2021年的59.7%，提高了0.1个百分点；而报纸阅读率下降至23.5%，相对于2021年的24.6%下降了1.1个百分点；期刊阅读率也有所下降，从2021年的18.4%下降至17.7%，降幅为0.7个百分点。

与此同时，数字化阅读方式［包括手机阅读、网络在线阅读、电子阅读器阅读、平板电脑（Pad）阅读等］的接触率在2022年达到了80.1%，相较于2021年的79.6%提高了0.5个百分点。城镇居民的图书阅读率为68.6%，略高于2021年的68.5%；而乡村居民的图书阅读率为50.2%，也略高于2021年的50.0%。

（二）成年国民对数字化阅读的偏好进一步增强，尤其以手机阅读为主要形式

在对各种数字化阅读载体的接触情况进行深入分析后发现，2022年，有77.8%的成年国民曾使用手机进行阅读，相较于2021年的77.4%，提高了0.4个百分点。此外，有71.5%的成年国民进行过网络在线阅读，与2021年的71.6%相比基本持平。然而，在电子阅读器上阅读的比例下降至26.8%，较2021年的27.3%下降了0.5个百分点。使用Pad进行数字化阅读的成年国民比例为21.3%，相较于2021年的21.7%，下降了0.4个百分点。

（三）2022年，我国成年国民的人均纸质图书阅读量和电子书阅读量相对于上一年阅读量有所提升，但纸质图书阅读仍然更受欢迎

根据对成年国民各类出版物阅读量的考察，2022年，我国成年国民的人均纸质图书阅读量为4.78本，略高于2021年的4.76本。人均电子书阅读量为3.33本，也高于2021年的3.30本。但是，纸质报纸的人均阅读量为14.76

期（份），低于 2021 年的 15.13 期（份）；而纸质期刊的人均阅读量为 1.88 期（份），也低于 2021 年的 1.90 期（份）。

通过对我国城乡成年居民图书阅读量的考察可以发现，2022 年，我国城镇居民的人均纸质图书阅读量为 5.61 本，相较于 2021 年的 5.58 本，增加了 0.03 本；而乡村居民的人均纸质图书阅读量为 3.77 本，高于 2021 年的 3.76 本。

（四）成年国民的阅读量总体保持稳定，而通过听书和视频讲书方式阅读成为新的阅读选择

从成年国民的阅读偏好来看，2022 年，有 45.5%的成年国民更倾向于选择"拿一本纸质图书阅读"，与 2021 年的 45.6%相比保持了总体稳定。此外，有 32.3%的成年国民更喜欢在手机上阅读，8.1%倾向于使用电子阅读器，6.8%倾向于网络在线阅读，8.2%倾向于听书，而 2.8%的成年国民则更倾向于观看视频讲书。

从成年国民对个人阅读数量的自我评价来看，2022 年，有 3.3%的国民认为自己的阅读数量很多，11.2%的国民认为自己的阅读数量比较多，55.0%的国民认为自己的阅读数量一般，而 30.5%的国民认为自己的阅读数量很少或比较少。

从成年国民对个人总体阅读情况的评价来看，有 26.8%的国民表示满意（包括非常满意和比较满意）；15.4%的国民表示不满意（包括比较不满意和非常不满意）；另外，47.8%的国民表示一般。

（五）成年国民的读书时间和网络阅读时间同时保持增长，手机阅读等轻阅读方式占据的阅读时间逐渐增长，但深度阅读仍然需要加强

在传统纸质媒介方面，2022 年，我国成年国民的人均每天读书时间最长，为 23.13 分钟，相较于 2021 年的 21.05 分钟，增加了 2.08 分钟。人均每天读报时长为 5.05 分钟，略少于 2021 年的 5.22 分钟；人均每天阅读期刊的时长为 3.15 分钟，高于 2021 年的 2.96 分钟。

在数字化媒介方面，2022 年，成年国民的人均每天手机接触时间最长，为 105.23 分钟，相较于 2021 年的 101.12 分钟，增加了 4.11 分钟；人均每天

互联网接触时长为 66.58 分钟，略少于 2021 年的 68.42 分钟，减少了 1.84 分钟；人均每天电子阅读器阅读时长为 10.65 分钟，相较于 2021 年的 11.78 分钟，减少了 1.13 分钟；人均每天接触 Pad 的时长为 8.79 分钟，相较于 2021 年的 9.82 分钟，减少了 1.03 分钟。

（六）超过三成的成年国民已经养成了听书的习惯，城乡之间的差距逐步缩小

根据对成年国民听书习惯的考察，2022 年，我国有超过三成（35.5%）的成年国民养成了听书的习惯，相较于 2021 年的平均水平（32.7%）提高了 2.8 个百分点。

从城乡对比来看，2022 年，我国城镇成年居民的听书率为 37.1%，比乡村成年居民的听书率 31.5% 高出 5.6 个百分点，城乡之间的差距逐渐缩小。

对我国成年国民听书介质的考察发现，选择使用"移动有声 App 平台"听书的国民比例较高，达到 21.6%；13.5% 的人选择通过"微信公众号或小程序"听书；10.5% 的人选择使用"智能音箱"听书；另外，有 8.5% 的人选择通过"广播"听书，还有 5.2% 的人选择使用"有声阅读器或语音读书机"听书。不同的听书介质受到了不同比例的选择。

（七）全民阅读品牌活动的知晓率和参与度都有所提高，居民对阅读活动的满意度也保持较高水平

根据调查数据，我国成年国民对阅读活动的诉求较高。2022 年，有 80.5% 的成年国民认为，当地有关部门应当举办读书活动或读书节。为满足居民对阅读活动的高诉求，各地全民阅读主管部门纷纷推出了精彩的全民阅读品牌活动。

2022 年，我国成年国民对全民阅读品牌活动的知晓率达到 73.7%。其中，"本地城市读书节"和"书展书市"的知晓率最高，选择比例均为 30.1%；"机关企业/校园读书活动"的选择比例为 28.9%；"本地读书会"和"城市读书大讲堂"的知晓率选择比例分别为 27.3% 和 22.9%。

对参与过的阅读活动满意度的考察发现，参与过全民阅读品牌活动的成

年国民中，有 72.2% 的人对其参与的阅读活动表示满意（包括"非常满意"和"比较满意"），22.4% 的人对参与过的阅读活动表示一般，还有 5.4% 的人对参与过的阅读活动表示不满意（包括"非常不满意"和"比较不满意"）。这表明大多数人对全民阅读品牌活动的满意度较高。

（八）我国城镇居民对公共阅读服务设施的使用满意度不断提高

2022 年，我国城镇成年居民对居住的街道附近至少一种公共阅读服务设施的知晓率达到 52.5%。其中，对公共图书馆的知晓率为 30.7%，对报刊栏的知晓率为 25.8%，对社区阅览室/社区书屋/城市书房的知晓率为 27.1%。

2022 年，我国城镇成年居民中，使用过公共图书馆的比例为 14.9%；使用过社区阅览室/社区书屋/城市书房的比例为 12.1%；使用过报刊栏的比例为 10.3%。

在使用过以上公共阅读服务设施的城镇成年居民中，公共图书馆的使用满意度最高，为 78.2%；社区阅览室/社区书屋/城市书房的使用满意度为 72.5%；报刊栏的使用满意度为 60.6%。

（九）0~17 岁的未成年人阅读能力呈平稳提升趋势，阅读率和阅读量较往年都有所上升

2022 年，我国 0~17 岁的未成年人图书阅读率略有上升，达到 84.2%，比 2021 年的 83.9% 提高了 0.3 个百分点。他们的人均图书阅读量也有所上升，从 2021 年的 10.93 本增加到 11.14 本，增加了 0.21 本。

2022 年，未成年人的图书阅读率表现出以下特点：

（1）0~8 岁儿童的图书阅读率为 73.5%，较 2021 年的 72.1% 提高了 1.4 个百分点；

（2）9~13 岁少年儿童的图书阅读率为 99.2%，较 2021 年的 99.1% 略微提高了 0.1 个百分点；

（3）14~17 岁青少年的图书阅读率为 90.4%，较 2021 年的 90.1% 提高了 0.3 个百分点。

第二节　乡村阅读的满足方式

一、乡村阅读存在的问题

全民阅读推广深刻地影响和改变着居民日常生活的行为与习惯，作为全民阅读重要组成部分的社区和乡村阅读，在发展中也存在许多问题，我们结合调查结果，发现主要集中在以下四个方面。

（一）基础问题：文献资源短缺

文献资源问题是社区和乡村居民阅读面临的首要挑战。这些资源对于图书馆，尤其是基层图书馆的正常运作至关重要。基层图书馆具有一些特殊性质，如用户相对固定，他们的文化水平、生活方式、工作模式等相对相似，同时，也受地方文化的深刻影响。因此，在分配文献资源时，应该深入了解基层读者的需求，充分考虑当地的实际情况。

根据我们的调查表整理结果，基层图书馆的总藏书量通常在 2000~4000 册，而且书籍的更新频率大多是每年一次，只有极少数基层阅览室每季度更新一次。总体而言，基层图书馆面临文献资源短缺和不及时更新的问题。从基层居民提供的改进建议来看，文献资源问题是制约基层图书馆发展最突出的问题之一。

（二）动力问题：阅读需求难开发

需求是促使人进行阅读的强大动力。然而，调查表明，基层居民的阅读认知与实际阅读情况之间存在不协调之处，主要是因为缺乏足够的阅读需求刺激。拥有清醒的阅读认知并不等同于存在阅读需求。阅读认知可以分为浅层认知和深层认知两个层次。浅层认知指的是对阅读的基本了解或理解，而深层认知包括阅读需求、阅读能力、阅读意愿等，它们是促使阅读行为发生的前提条件。拥有浅层认知并不一定会促成实际的阅读行为，只有当认知逐渐深化，形成了阅读需求，才会真正激发阅读的动力。虽然基层居民对阅读有相对高的认知水平，但这种认知通常是感性认知或口号式认同，当缺乏阅读需求的刺激时，阅读行为往往难以发生。尤其是在阅读环境不利的情况下，更难以实现有效的阅读行为。

影响基层居民阅读需求产生的因素主要有以下三个方面。①识读能力、理解能力、阅读技能较低。基层居民的文化程度偏低，导致可识读的内容和范围非常有限。由于近年来移动阅读的便捷、智能，人们越来越喜欢休闲式的浅阅读，电子阅读占有越来越大的比例。②精力不足、时间不够。乡村居民多以农业种植与养殖为生，农忙时没有精力和时间看书，若得农闲，则更多地以休闲文体活动打发时间，如搓麻将、打牌、唱歌、跳舞等。社区居民则由于城市工作繁忙且时间紧张，没有太多的闲暇时光。③环境有限。受家庭环境、空间、经济条件等因素的影响，居民阅读需求的产生往往力不从心。

（三）硬件问题：服务设施不完善

乡村是中国居民的基本社会结构，乡村图书馆建设的实施情况却并不是很理想，其相关配套设施和服务设施并不完善。大部分基层图书馆馆舍规模很小，甚至只是借助社区和乡村服务中心的一些办公室等场所，基本无法提供公共图书馆服务。同时，基层图书馆经费不足，服务效率和服务质量差，服务形式单一。由于基层图书馆的经费得不到大力支持，基层图书馆的管理人员与服务人员绝大多数由文化协管员或基层工作人员甚至是闲居在家的居民兼任，难以开展活动以促进基层图书馆发展。此外，随着基层居民阅读方式逐步多样化，对数字阅读的需求越来越高，基层图书馆通常缺乏必要的电子设备，如数字电视、电子阅览室和网络接入，这导致了一些服务的不便。而且，一些服务设施也没有充分考虑到当地的实际情况。因此，如果能根据当地情况进行定制化改进，将会带来意想不到的好处。以少数民族村为例，这些地方通常拥有独特的文化传统和悠久的文化习惯。因此，可以考虑采购一些介绍该民族文化的书籍，并选择一些数字资源，介绍民族歌舞、民族风情等，以吸引居民接触和了解本地文化。这种有针对性的改进可以更好地满足当地居民的需求。

（四）保障问题：管理制度不完善

乡村阅读事业的保障性因素之一是管理制度，但目前管理制度仍然存在不足，这限制了社区和乡村阅读的发展。在我们的调研中发现，基层图书馆的整体资源利用率不高，除了前文提到的文献资源、阅读需求、服务设施等问题外，管理制度的不完善也是一个不可忽视的问题。管理制度分为资源管理和人员管理两个方面。资源管理包括对书籍、报刊等文献资源的及时上架、整理和保护，以及对服务设施的定期维护和保养；人员管理则包括经过业务培训合格后的管理人员，他们需要确保图书馆的正常运营，包括按时开馆和闭馆、提供图书推荐和咨询服务、完成图书登记和借还手续等。然而，我们在一些社区和村庄的调查中发现，一些基层图书馆没有规定的开放时间，甚至有些一直不对外开放，也没有专门的人员管理和维护图书馆。居民在反馈的改进建议中多次提到了"没有专人管理图书室"和"图书室环境不理想"等问题。因此，建立完善的管理制度以确保基层居民的阅读权益是非常必要的。

二、加强社区和乡村阅读文化建设的对策

虽然目前社区和乡村的阅读现状不容乐观，但从调查数据中我们也看到了一些可喜的进步，即社区和乡村居民对阅读的意识与需求在增强，思想是行为的先导。随着公共文化服务体系的构建及各项文化惠民工程的实施，社区和乡村居民的阅读状况将会逐步得到改善。

（一）加快服务体系建设，实现公共服务均等化

党的十六届六中全会首次提出了推进城乡公共服务均等化的构想，党的十八届三中全会进而提出"要构建现代公共文化服务体系，实现基本公共文化服务的标准化、均等化"。2015年出台的《关于加快构建现代公共文化服务体系的意见》指出："把城乡基本公共文化服务均等化纳入国民经济和社会发展总体规划及城乡规划。根据城镇化发展趋势和城乡常住人口变化，统

筹城乡公共文化设施布局、服务提供、队伍建设、资金保障，均衡配置公共文化资源。"

实现城乡公共服务均等化，加强乡村阅读文化建设。其一，服务设施标准化，即基于当前社区和乡村公共产品与服务的供给现状，制定基层综合性文化服务中心、农家书屋等公共文化服务设施建设与资源配置的全国标准，推进全民阅读公共文化设施建设的规范化、标准化。由中央政府主导、地方政府实施，如社区阅览室、农家书屋等政府文化工程在"十三五"期间已提出建设要求。其二，投入平均化，即按照城乡居民人口规模平均地分配公共文化资源。均等化意味着过去数十年城乡间严重失衡的公共文化投入体制将回归公平取向，城市和乡村在公共文化事业经费中所占比重将呈现此消彼长的态势。统筹规划，合理布局，进一步加大城乡基层全民阅读设施建设力度。加快推动城乡基本公共文化服务的均等化，实现乡村和城市社区之间的文化服务资源整合与互联互通，重点在创新管理机制和提升服务效能方面进行探索，以建立长效管理机制。同时，要充分发挥各级各类图书馆在推广阅读方面的重要作用。在这个过程中，需要加强出版物发行网点的建设，特别是在乡村和社区，以支持实体书店、书报亭、高校书店等各类阅读设施的发展，并发挥它们在促进全民阅读方面的公益作用。此外，在充分利用现有设施的基础上，还要整合资源，统筹建设社区阅读中心、数字农家书屋、公共数字阅读终端等设施，以更好地满足居民的阅读需求。

（二）发挥政府主导作用，争取地方政策支持

地方政府领导首先需要更新他们的观念和认识，明确政府在乡村文化建设中的主导作用和机制保障作用。他们应该努力实现乡村物质文明和精神文明的同步协调发展，将乡村文化建设纳入政府考核机制，并将不达标的文化建设作为乡村评先创优的"一票否决制"。同时，他们应该制定相应的硬件指标，并严格执行，以杜绝应付检查、突击装备，甚至虚报瞒报等行为。将乡村图书馆建设纳入当地政府议事日程，做到在政策、投入、管理上的"三到位"，发挥主体推动作用，统筹安排，合理规划。

(三)加大财政投入力度,做好基础设施建设

建设社区和乡村图书馆,做好全民阅读工作,与社区、乡村居民的互动必不可少,开展知识讲座、新书发布、图书漂流等活动,都是促进社区和乡村图书馆发展的良好途径。而每项活动的背后都需要经费的支持,这正是当下基层图书馆面临的最大问题。做好社区和乡村居民阅读工作仅仅依靠社区与乡村是不够的,还需要政府财政支持,做好基础工作,包括图书购置,更新馆藏图书,使图书内容、质量能满足现代居民的阅读需求,完善馆舍及基本阅读设施的添置和更新。

(四)获得社会各界支持,众力扶持社区和乡村居民阅读

全民阅读是党和政府着力打造的提升全民素质的一项重大工程,做好全民阅读工作是全社会的事情,而做好社区和乡村居民阅读更需要社会各界的投入。公共图书馆应把阅读活动主动向基层延伸,实现公共图书服务进社区;文化部门和学校应主动介入,努力以实际行动支持社区和乡村阅读;企业家和有识之士应通过捐款、捐书、捐物等行动支持社区和乡村阅读。

(五)合理配置文献资源,及时更新与完善

在配置社区和乡村图书馆的文献资源时,应综合考虑地区的实际需求和地方特色,同时,也要考虑到基层居民的不同阅读需求,包括业余型阅读需求、专业型阅读需求和社会型阅读需求,以合理配置和充分利用资源。文献资源,特别是纸质资源的更新速度应加快,定期或不定期更新,以满足居民的需求。此外,应完善文献传递和馆际互借服务,建立与省、市、县、乡镇公共图书馆的有效合作,以提供高效便捷的服务。

(六)加强网络互联建设,加快推进数字化建设

在基础设施建设方面,需要科学合理地规划社区和乡村图书馆,并适应数字化阅读方式的普及趋势。如果条件允许,那么基层图书馆应提供数字化服务,包括电脑、网络接口、电子阅读器等设备,并为居民提供相关技术培

训，例如，计算机、电子邮件、互联网和无线网络等方面的培训，以提高他们的技术能力和水平。

（七）建立志愿者队伍，推广基层阅读活动

建立志愿者队伍是推广基层阅读活动的一个重要举措，可以为这些活动提供资源、技术和智力支持。志愿者队伍通常由自愿宣传和推广基层阅读的人士组成，他们在无须物质报酬的情况下自愿参与。在志愿者队伍中，公共图书馆员可以扮演主导角色，因为他们具备相关职能和专业知识，适合领导和协助这些活动。这种合作模式可以鼓励更多基层居民参与阅读活动，满足他们的文化和阅读需求，同时，也有助于实现公共图书馆员的自身价值和当代公共图书馆的人文使命。

（八）推动文化活动分享，实现资源共享

在"基层居民希望开展的活动"方面，电影、歌舞、讲座和展览受到了较高的关注。然而，在乡村地区，这些资源相对匮乏，而且形式单一，不能很好地满足基层居民的需求。因此，我们应该积极推动文化活动的共享和合作，建立一个公共平台，用于发布各级图书馆、文化馆、博物馆等文化机构的讲座、展览等活动信息，并保持及时更新和信息共享。这样，各村庄可以在平台上查找他们所需的活动，例如，讲座可以录制成光盘，展览板可以进行循环使用，歌舞可以通过网络点播等方式，从而实现资源的共建和共享，为推动乡村阅读创造更好的文化环境。

（九）建立监督评测机制，完善相关管理制度

对于现有关于社区和乡村图书馆的项目与规定，需要进行总结、分析、调整和评估，以确保这些项目本身合理，并监督各社区和乡村的执行情况。同时，应该建立相关的评估制度，用以检验项目的成效，看是否满足了广大基层居民的文化需求，是否有助于推动社区和乡村的文化发展，以及是否有助于促进基层文化建设。另外，还需要进一步完善社区和乡村图书馆的相关管理制度，例如，《基层图书馆管理员制度》《基层图书馆图书借阅制度》

《基层图书馆管理制度》等，以确保社区和乡村图书馆的信息得以公开与共享，并保证它们能高效运行。

（十）转变居民阅读观念，投入全民阅读活动

创新读书形式，丰富学习载体，通过广泛组织开展读书交流会、读书征文、读书演讲、读书沙龙等形式多样的读书活动，引导社区和乡村居民"爱读书、读好书、善读书"，使创建"书香社区"成为全体居民的自觉行动。社区和乡村在组织好阅读活动的同时，应侧重引导居民转变自己的思想观念，积极参与读书活动，使大家充分认识开展读书活动的重要性和必要性，学会阅读，爱上阅读，让阅读成为一种常态，融入生活中去，真正把读书学习当成一种生活态度，一种工作责任，一种精神追求，以读书求新知，以读书促进步，推动社区和乡村形成"爱读书、读好书、善读书"的良好风气。

第四章　新媒介对乡村阅读的挑战

书籍一直以来都是知识信息的主要载体，也是人们广泛使用的学习媒介。从古代的甲骨、金石、简牍到魏晋南北朝时期的纸质书籍，不断推陈出新的书籍形式，使人们一直在不断地追求更好的阅读体验。而近两个世纪，尤其是近30年以来，随着媒体的多样化发展，报纸、广播、电视、网络等媒体已经平分秋色。

由于媒体的多样化，人们的阅读方式和阅读媒介也发生了根本变化。过去，人们以纸质图书和报刊为主要的阅读方式；但现在，人们既可以选择纸质阅读，也可以选择电视、网络、手机和电子阅读等多种阅读方式。在全媒体环境中，阅读材料已经不再单一地以一种媒介形式出版，而是以两种或多种并存的形式出版。例如，一份报纸既有纸质版，也有网络版和数字图书版等。读者可以根据自己的需求和情况选择任意一种媒介形式进行阅读，或者在两种或更多的媒介中交叉阅读。

跨媒体传播和跨媒体阅读在全媒体环境下变得越来越普遍。读者可以根据自己的需要选择不同的媒介进行阅读，使阅读变得更加自由和多样化。比如，在早上打开电脑时可以浏览当天的早报（网络版）；在休闲时间可以躺在沙发上翻阅晚报（纸质版）；在写作时需要剪辑晚报上某篇文章的某个片段，可以使用电子图书版中的剪辑器（数字版）。

总之，在全媒体环境下的阅读，不再局限于单一的媒介形式，而是可以借助跨媒体传播和跨媒体阅读进行更加多样化与自由化的阅读活动。这使得人们可以更加方便地获取和利用信息，提高自己的阅读效率和阅读质量。

第一节 阅读

近年来，伴随着信息技术的迅猛发展，数字阅读因内容丰富、形象生动、灵活便捷等优势，越来越受到乡村居民的青睐。

一方面，这种便捷的阅读方式，可以让乡村居民更加方便地获取阅读资源和更加丰富的阅读体验，帮助大家提高阅读兴趣和阅读水平，促进知识传播和文化交流。另一方面，如何借助数字化的力量，深入推进乡村阅读高质量发展，实现乡村阅读快速普及化、立体化、多元化，更好地满足乡村阅读新需求，也是相关从业者要回答的一道问题。

线上图书馆的建设进一步激发了广大乡村居民的阅读热情。例如，中国国家数字图书馆提供数字图书、数字报刊、学位论文、会议论文等多种数字资源服务。截至2021年，中国国家数字图书馆拥有2.2亿余件馆藏文献，日均访问量达800余万次，为知识普及和文化传承做出了积极贡献。同时，一些新型线上图书馆也崭露头角，如湖南省长沙市长沙县的"云上·五悦"全域智慧数字文化服务网。该项目秉持传统文化场馆与线上数字馆同步发展的理念，建立了"总馆—分馆—基层服务点"的三级网络化管理体系，覆盖全县镇、村两级的280个图书馆总分馆网点及其数字资源，以数字化服务满足公共文化服务的需求。

自2004年起，国家开始试行农家书屋项目，并在随后的年份中不断进行数字化和信息化的升级，以便乡村居民在田间地头也能享受到服务。在过去的10多年中，数字农家书屋已经在促进全民阅读、共建书香社会、提升乡村治理水平等方面发挥了关键作用。据统计，截至2022年12月底，全国范围内的数字农家书屋已达到36.1万家，占据了全国农家书屋总数的三分之二，这一数字比2019年的12.5万家增长了近两倍。另据不完全统计，包括安徽、江苏、湖北等省份在内已经实现了数字农家书屋的全覆盖。

随着中国乡村经济的发展和公共文化事业的不断进步，市场上出现了许多专门针对乡村用户的数字化阅读产品和服务。

据了解，电子书市场已成为乡村用户首选的阅读方式。乡村用户可以通过各种移动设备轻松访问各类书籍。一些电子书平台也积极推出专为乡村用户设计的特色服务，包括提供本地文化精品书籍和本地文化惠民活动信息等。网络小说因其内容多样性和快速阅读特点，受到乡村用户的欢迎。一些平台还推出了在线听书等服务，更好地满足了乡村用户的阅读需求。此外，一些阅读产品和平台在乡村地区设立了服务点，提供便捷的线下服务，如图书借阅等。

目前，许多数字内容、数字出版和人工智能领域的企业正在推出专门面向乡村用户的数字化阅读产品与服务。例如，中国移动咪咕公司推出了"比特资产"，以全场景、跨媒介的方式推动乡村文化数字化。他们将"比特书房"等阅读空间与农家书屋深度结合，创造了个性化的比特场景，实现了全感官、沉浸式阅读体验，构建了元宇宙乡村阅读的新生态。

中文在线根据不同场景，分析了旗下平台软件和产品的优势与劣势，并推出了多样化、有针对性的阅读解决方案。他们基于在数字农家书屋建设方面积累的丰富经验，从理论上论证了通过建立边缘计算平台来在极端环境下提供智慧阅读环境的保障，旨在为偏远地区的孩子提供阅读方面的支持。

第二节　阅声

为积极响应国家"全民阅读"号召，多地开始积极探索"数字化＋农家书屋"的新模式，并在农家书屋的基础上建立"乡村有声书屋"。以"线上有声图书馆＋线下实体读书册"相结合的方式，打造数字化农家书屋，不断满足群众多层次、多方面、多样化的精神文化需求。

"乡村有声书屋"内容包含权威的理论知识、丰富的农技知识、科学的健康知识，以及戏曲、民歌、相声等。通过"乡村有声书屋"，乡村居民能随时随地在家门口听书，学习党的政策和文化知识。乡村有声书屋可为乡村居民播放不同内容，让大家在听读中学习新知识。

听书解决了部分乡村居民识字少的难题。只要带着手机，就能随时随地进入"乡村有声书屋"，"读"到自己喜欢的书。村村有书屋，户户飘书香。农家书屋是乡村居民群众阅读的重要阵地，对于丰富群众精神文化生活，推动乡村文化建设具有重要意义。数字化时代的到来，为农家书屋注入新的发展活力。可以看到，乡村数字化基础设施日益完善，乡村居民数字化阅读需求持续上升，各地农家书屋探索精品化和数字化，不断提升服务效能，用浓郁书香涵养乡村文明、助力乡村振兴。

"乡村有声书屋"上线，有效解决了传统农家书屋报刊、图书更新慢、借阅不便等问题，老少皆宜的听书阅读方式，让乡村居民读书在田间地头都能实现。这既增添了阅读的趣味性、时效性，又促进了乡村阅读普及化、立体化、多元化，从看书到读屏，从文字到语音，农家书屋不断深化创新服务，勾勒出一幅乡村耕读新画卷。在全新的阅读体验下，伴随着图书内容的不断更新，也在一定程度上释放了书籍在农家书屋中的存放空间。

第三节　阅景

短视频等新媒介形式的兴起，极大地改变了信息传播和知识获取的方式。在乡村中，很多人都有使用短视频的习惯，因此可以借助短视频进行阅读推广。短视频对乡村阅读推广需要政府、社会和新闻媒介的关注，在政府的组织和引导下，鼓励新闻媒介和乡村阅读推广者发挥网络短视频平台优势，制作推广图书的优秀短视频，传播良好的阅读办法。

随着大众对信息和知识多样化、全方位、高层次的需求不断增长，短视频知识风尚正在不断深化。正如清华大学传播学院某教授指出，短视频扩大了大众的非正式学习空间，让知识传播变得生活化。华东师范大学中文系某教授同样认为，短视频以一种"直给"的视觉文化方式传播知识，可能激发更多、更广的好奇心和求知欲。

可以看到，越来越多科学文化知识，精深甚至晦涩的专业话题，通过短视频平台触达了前所未有的广泛人群，读书这件事也前所未有地和短视频密切相关起来。《2023抖音读书生态数据报告》显示，时长超过5分钟的读书类视频发布数量同比增长279.44%，读书类视频播放量同比增长65.17%、收藏量同比增长276.14%，直播观看人次同比增长近一倍。而仅在2022年，抖音电商图书销量就达到2.5亿单，众多老牌出版机构纷纷转型入局短视频领域。

一、击穿传播壁垒，让专业知识触达更多受众

相比以文字为主的知识传播形式，短视频更直观、易懂，打破了知识在传播和接收中存在的固有壁垒。同时，短视频的点赞、分享、评论、弹幕等功能有着较强的社交属性，进一步扩大了知识传播的受众范围。

《2022抖音知识年度报告》显示，2022年，抖音知识类内容继续呈增长态势，发布数量增长35.4%，知识类创作者单月直播场次增长72.7%。越来越多不同领域的知识创作者加入，就连诺贝尔奖得主、院士、教授等也迅速掌

握这种新的媒介，成为抖音上的专业知识传播者。2022年，有45位院士、4位诺贝尔奖得主在抖音分享科学理论和研究成果。

网络传播和新媒体传播已成为主要趋势，科普和科学传播需要与时俱进，迅速融入这种传播模式中。网络传播构建了一个具有巨大影响力的新媒体生态系统，改变了人们的交往和思考方式。在这个新媒体时代，我们需要探索如何充分利用网络传播的优势，创新科普传播方式，拓展科普内容，以促进科普事业的发展。

二、读书类短视频升温，兴趣驱动下的图书"种草"

短视频时代，通过将知识传播即时化、知识呈现人格化、隐性知识显性化、复杂知识通俗化，拓展了知识的边界，也给知识生产本身带来变化。短视频让知识回归本源，重新以口语化、生活化的形式进行生产和传播，使大众能广泛地参与知识生产和传播。

值得注意的是，聚焦"读书"的知识类短视频热度持续升温。一方面，优质书籍通过短视频的"放大"，进入更多读者视野。大量用户被读书类短视频"种草"，完成从了解书籍到产生兴趣，再到阅读书籍的全过程。另一方面，以兴趣驱动的短视频内容推荐机制，将专业知识的生产与需求快速匹配，使知识生产者"应需生产"，知识需求者"学以致用"。读书类短视频扩大了知识受众，同时，带动了图书消费。

三、短内容也需深加工，短视频助推读者多维思考

有人担心，短视频的时长限制和娱乐属性，会限制人们的知识获取程度，仅停留在"泛"和"浅"的层面。对此，北京师范大学文学院的一位教授表示："短视频的文艺空间是非常丰富的，不仅有搞笑的、通俗的，也有大量知识类的。有些观众不愿意阅读大段文字，而知识类短视频满足了观众'看'的欲望，以画面的形式呈现内容。"相比文字，短视频丰富、直观的视听效果，更加方便受众对内容的理解。

知识类视频的创作，看似简单，实则不易；读书类视频更是时长虽短，内容却不浅。因为把文字转化为视频的过程，往往需要对原有知识和内容进行"增厚"。

此外，一本好书，往往会吸引来自不同创作者、不同视角的分享和解读，这也在不同程度上拓宽了读者的视野。

第五章　乡村阅读推广的新视野

第一节　社会化阅读的产生

现如今，阅读逐渐成为物质生活之外的"全民刚需"。近年来，信息网络飞速发展、社交分享日益普遍、"互联网＋"深入人心，社会化阅读或称"社交化阅读"的概念正式走进大众视野并被普遍接受。

社会化阅读是伴随着社交类媒体风靡而出现的一种新阅读形式。2010年，Flip-board 应用的流行将社交和阅读巧妙结合，是社会化阅读发展的重要里程碑。随后，国内社会化阅读应用 Zaker、鲜果联播等快速跟进，越来越多的社交软件也推出阅读、分享功能。

第 45 次《中国互联网络发展状况统计报告》显示，截至 2020 年 3 月，中国网民规模已达 9.04 亿，其中，乡村网民占整体网民的 28.2%，以手机为上网终端的网民比例达 99.3%。微信朋友圈和手机网络新闻使用率分别为 85.1%和 81.0%，可见社会化阅读日趋成为全民阅读的有力推手。

关于社会化阅读的概念，中外学界均有表述和解读。在外国学者中，最具代表性的一种观点为，社会化阅读是一种群体性阅读，以读者为中心，聚合相同兴趣爱好的读者在群体化阅读模式中进行交流，促进读者之间知识的创造、共享、传播及价值扩大。另一种观点认为，社会化阅读是公开的活动，是两个以上的人与文本之间的互动，通过面对面或者网络在线交流，扩展读者的阅读体验，实现阅读价值增值。在国内，目前被引用最多、被业界普遍认可的是钟雄提出的社会化阅读概念，即社会化阅读就是以读者为核心，强调分享、互动、传播的全新阅读模式，相对于过去以书为核心，强调内容的阅读模式,它更加注重人、注重基于阅读的社交,倡导共同创造 UGC、在读者用户间互动的基础上,无限放大阅读价值。

社会化阅读并不是新鲜事物,其本质是社交与阅读的有机结合,强调读者之间的互动与分享,这些在过去的阅读沙龙、读书交流会中已初具模型。随着数字文化和智能系统的普及,交流与分享不仅局限于面对面,还能体现在键对键,通过网络社区、社交软件和阅读平台都可以实现,使得社会化阅读迅速融入人们生活。

基于对上述概念的理解,社会化阅读就是一种以读者为核心,以信息网络为媒介,强调社交与阅读有机结合,通过互动式阅读和分享,扩大效果和价值的一种阅读传播行为。与数字阅读和移动阅读不同的是,数字阅读和移动阅读是一种通过数字化媒介与移动终端进行阅读的方式;而社会化阅读是一种阅读传播行为,侧重通过阅读、互动和社交分享产生的传播效果。从一定程度上来看,数字阅读和移动阅读涵盖于社会化阅读之中,是社会化阅读的媒介。

综上所述,社会化阅读主要包含三个基本层面。①读者社群。社会化阅读的主体是两个或两个以上读者,是有共同关注点的读者社群,而不是单独孤立的阅读。②网络媒介。社会化阅读突破了实体书、现实地点、面对面的传统模式,将阅读的内容、地点、交互等都拓展到网络空间,以网络为媒介使阅读和社交紧密结合。③分享传播。社会化阅读最终实现的是分享阅读收获、扩大阅读价值,个体既是读者又是内容的产生者和传播者。

第二节　乡村居民社会化阅读动机分析

随着网络时代信息获取的及时和便利，人类社交与网络的黏性逐渐提高。乡村居民通过信息媒介实现了社会关系重建、知识体系重构、分享交流重叠，完成了社交互动中从阅读者到传播者身份的转换。因此，研究乡村居民群体如何通过网络媒介实现文化传播实践与政治经济活动的有机融合成为重要命题。

社会化阅读是社交与阅读的有机结合，在这个概念下，阅读从传统的"一人一书一世界"演进为集阅读和社交于一体的社会行为。当前研究大部分针对青少年、大学生、社会工作者等群体，而占据全国人口36.11%的乡村居民（根据第七次全国人口普查结果，居住在乡村的人口为5.1亿人）一直未被关注。中国互联网络信息中心发布第49次《中国互联网络发展状况统计报告》显示，截至2021年12月，我国乡村网民规模达2.84亿，乡村居民手机上网使用率远高于城镇居民。由此可见，智能终端的广泛普及促进了乡村居民线下社交与线上阅读的深度融合。近几年，针对乡村居民的移动阅读研究逐渐增多，如乡村居民移动阅读需求实证研究、策略研究等，但社会化阅读研究还相对欠缺，因此，本书重点关注乡村居民社会化阅读动机，具体以黑龙江省乡村居民微信阅读为调查对象，通过问卷法和访谈法对乡村居民社会化阅读动机构成、差异、形成进行深入分析，以期更精准掌握乡村居民社会化阅读动机特点和成因，广泛调动乡村居民群体参与社会化阅读，助力乡村振兴。

第三节　乡村居民社会化阅读行为分析

社会化阅读强调的是用户在数字阅读过程中的分享、评论、交流，从而成为一类阅读社区的有机阅读，除群体和社会化阅读平台外，国内研究者还从多维视角对用户进行研究，主要从用户行为和媒介情景两个方面入手。

有学者认为，社会化阅读其实是一种有限的圈子阅读，它从读者自身出发，出于相同的兴趣爱好，搜寻到趣味相投的圈子，在群体化的阅读中进行交流，有利于信息的共享、转化和覆盖。这种阅读需要意识逐渐上升到读者偏好转变，进而衍生感知价值量化，激发阅读动机，从而使用户满意度上升，提高用户持续使用意愿，深入探究用户能动性对社会化阅读的使用。

1.关于用户阅读动机

用户阅读动机主要分为内在性动机和外在性动机，内在性动机包含良好的习惯、兴趣爱好、个人情感抒发、信息阅读获取需求，外在性动机包含社会交往动机和个人发展成就性动机。其中，在大学生、青少年两个群体中，社会交往动机是影响社会化阅读行为的重要动机，正向影响社会化阅读成立；而在成年群体中社会交往动机却不是影响社会化阅读行为的动机，与大学生、青少年研究结果相违背。

2.关于感知价值

感知价值是衡量获取价值与付出成本之间的对产品或服务的一种整体评价。大量研究证明，感知价值可对产品或服务的满意度、重复购买、持续使用意愿、忠诚度产生间接或直接的影响。国内学者把这一指标用于对社会化阅读的衡量模块，是对社会化阅读用户评价的重要因素。感知价值因主体与背景的差异，划分为多种维度，在社会化阅读相关研究中，功能价值、情感价值与社会价值常作为衡量因素。

3.关于用户满意度

用户满意度一般处于感知价值和持续使用意愿的中间地位，是社会化阅读用户使用意愿中最常出现的衡量指标。其中，阅读有用性、社会连通性、社会化阅读 App 的信息质量、社会化阅读 App 的服务质量、社会化阅读 App 的系统质量均正向影响用户满意度。但社交化互动服务对用户满意度没有显著影响，其中原因仍需深入研究。

4.关于用户持续使用意愿

用户持续使用意愿以期望确认理论为研究基础，是衡量用户是否重复购买或使用服务的衡量指标。ECM（信息系统持续使用模型）为持续使用意愿最常使用模型，探究了用户持续使用意愿及其发生机理，并指出期望确认程度和满意度是影响用户继续使用的重要因素。

第四节 乡村阅读推广的策略

一、全面推进农家书屋提质增效,赋予其符合当今要求的全新定位

作为深入乡村基层的公共文化服务设施,农家书屋在乡村阅读活动和阅读服务方面扮演着主要角色。其主要职责是向乡村居民提供阅读资源和阅读服务。影响阅读行为发生与否的主要因素包括阅读动机的强烈程度、阅读习惯的养成、阅读环境的形成以及获取阅读材料的便利性。农家书屋的广泛普及显著降低了乡村居民获取阅读材料的难度。截至2019年,我国的农家书屋已经覆盖了所有行政村,乡村基层的公共阅读服务设施得到了全面推广,乡村居民"找不到书读"的问题已经基本得到解决。然而,当前的挑战在于如何引导乡村居民阅读优质书籍,并养成良好的阅读习惯,以促使他们持续进行有益的阅读。这是目前乡村阅读推广面临的重要问题,需要寻求解决方案。

为提高农家书屋的效益,乡村阅读推广人需要重新界定其角色和功能。农家书屋不仅是提供阅读资源的地方,它还应当满足乡村居民广泛的精神需求,成为一个重要的社会活动中心。在空间规划方面,有以下几个重要考虑。

1.结合新时代文明实践中心

农家书屋可以与新时代文明实践中心相结合,提供文化教育、体育健身、科技知识等多个方面的资源和服务,以满足乡村居民的多元需求。

2.乡土文化展示与交流

农家书屋可以成为乡土文化的展示与交流中心,促进乡村居民之间的文化互动和传承。

3.儿童阅读学习

农家书屋可以承担起提升乡村儿童阅读和学习能力的任务,提供阅读资源和专业的指导,确保他们享有基本的阅读权益。

在运营方面,农家书屋可以与新兴的乡村经济形态如乡村电商相结合,

培训乡村居民掌握符合新时代乡村经济需求的新技能，为乡村新经济的顺利发展提供支持。

二、大力推进数字乡村建设，"新农人"携"新农具"构建美丽乡村

《中共中央、国务院关于做好2022年全面推进乡村振兴重点工作的意见》强调了数字乡村建设，强调了培训乡村居民的数字素养与技能。当前，短视频平台如快手、抖音已经在乡村各年龄层中广泛使用。这些平台不仅为乡村居民提供了表达自己的新途径，还有助于形成乡村文化认同，这对于乡村文化的发展是一个重要的文化变革。

此外，短视频平台还为乡村电商和乡村阅读的跨界融合提供了更多可能性。新技术如大数据、5G、人工智能、物联网已经成为乡村发展中不可或缺的工具，这也被称为"新农具"。很多普通乡村居民现在都在短视频直播平台上推销当地的农产品，甚至一些乡镇干部也通过短视频和直播来宣传当地的农特产品与乡村文化。他们在短视频直播平台上分享的乡村生活、农特产品和乡村文化不仅在乡村居民中引起共鸣，还通过互联网传播吸引了大批非乡村受众。

短视频平台不仅为乡村居民提供了新的产品销售渠道，还为他们提供了一种新的阅读方式，即视频讲书。根据第十九次全国国民阅读调查数据，2021年，我国成年国民中有1.5%的人更倾向于通过视频讲书进行阅读，这种数字化阅读方式逐渐流行，既受到成年人的欢迎，也符合青少年的阅读趋势。

视频讲书相对于传统的文字阅读和听书阅读更加直观、互动，视频内容的作者还可以在线与受众互动，这与青少年的媒体使用习惯相契合，并满足了他们的阅读需求。在乡村地区，青少年通常缺乏专业的阅读指导，因此通过视频讲书形式提供专业人士对书籍内容的解读，有助于解决城乡青少年阅读资源不均衡的问题。

对那些受教育程度不高的乡村成年居民来说，短视频平台不仅可以娱

乐和经商,还可以通过视频进行阅读活动,相对于传统的纸质阅读更容易接受。

三、组建乡村阅读推广专业队伍,推进乡村阅读推广人才资源均衡配置

随着农家书屋、文明实践中心等基层公共阅读服务网络的不断完善,乡村阅读推广人的作用变得日益重要,但目前这一角色的潜力有待充分发挥。当前,乡村阅读推广工作在专业性、系统性、科学性、规范性方面存在一些不足之处。其中,乡村阅读推广的主体专业素养不足是一个主要问题。阅读推广工作对从业人员的文化素养、社会活动能力、服务水平等要求很高,但目前尚未建立明确的准入门槛。其中一个亟待解决的问题是,没有为现有基层公共阅读服务设施中的阅读推广主体明确合法身份。由于缺乏专职的阅读推广人员,一些设施的开放时间难以保障,限制了乡村阅读推广活动和阅读指导服务的开展。因此,建立健全的工作机制和专业培育计划至关重要。通过培训认证,可以促使现有的基层阅读推广人员,如图书馆馆员、农家书屋管理员、教师、书店店员等,实现职业化,有合法的收入来源。这将有助于提高乡村阅读推广的质量和效益。

除了充分发挥现有基层公共阅读服务设施工作人员在阅读推广中的作用外,还需要建立常态化的乡村阅读推广工作机制,同时,重视阅读推广队伍的建设。

1.扩大基层公共阅读服务设施工作人员的选择范围

阅读推广单位可以从村内居民中选择适合的人员负责基层公共阅读服务设施的日常管理工作。目前,很多公共阅读服务设施的开放时间与居民的空闲时间不匹配,这降低了居民利用这些设施进行阅读的积极性。通常情况下,这些设施的管理人员是从村级行政机构中调派而来的,工作时间与居民的闲暇时间不一致。因此,建议阅读推广单位从乡村居民中选拔具备条件的人员来管理这些设施。例如,可以选择全职妈妈、离退休人员等热爱阅读的居民,并在培训和考核合格后让其上岗。

2.建立乡村阅读推广专员队伍，解决城乡阅读推广人才资源不均衡的问题

一方面，可以从省市科研院所、高等院校以及大型企事业单位选派专业人才担任乡村阅读推广专家，成为乡村阅读推广专家组成员。这些专家可以充分利用其专业优势，促使阅读相关的社会资源更多地流向乡村。另一方面，可以聘用乡村的乡贤担任阅读推广专员，建立当地乡村阅读推广服务站点，为本村的农家书屋或新时代文明实践中心提供长期的阅读服务。这种方式可以更好地满足乡村居民的阅读需求。

同时，阅读推广单位应该为乡村阅读推广人设立准入资格，并定期进行科学、系统的培训，为通过专业能力考核的乡村阅读推广人提供经济支持。在工作职责上，乡村阅读推广人应与村级公共阅读服务设施的管理人员合理划分工作，以确保具备专业阅读推广素养的人才有足够的时间和精力，专门从事阅读推广活动的创意策划工作。这些措施有助于提高乡村阅读推广工作的专业性和效率，促进更多乡村居民参与阅读活动。

四、推进乡村全民阅读评价机制，检测乡村阅读推广工作成效

与城市的多样化阅读活动不同，乡村阅读活动通常形式相对单一，如乡村阅读节和乡村阅读嘉年华等不定期的文化活动，对满足乡村居民的阅读需求有一定局限性。尽管一些乡村阅读嘉年华等活动在投入大量资源和人力方面表现出色，但实际效果可能并不如人所愿。要吸引更多乡村居民参与阅读活动，就需要乡村阅读推广人全面了解当地乡村居民的精神文化需求，科学的数据监测可以用来证明这些需求。此外，乡村阅读推广工作通常由当地政府主导，他们负责协调和监管相关政府部门，统筹各单位和社会力量，评估乡村公共阅读服务体系建设和服务成效。这些工作对于激发乡村公共阅读服务主体的积极性和创造性至关重要。

乡村阅读推广工作的有效性可以通过两个方面的数据进行验证。首先，需要考察乡村公共阅读服务工作的主体是否有效地履行其职责；其次，需要了解乡村公共阅读服务对象的阅读水平是否得到有效改善。因此，乡村全民阅读评价体系可以分为以下两个方面。

1.建立居民阅读监测体系

当地政府应定期对乡村各年龄段居民的阅读状况和阅读需求进行调查，以提供数据支持，用于分析乡村全民阅读活动的成效，以及乡村居民的阅读水平和发展问题。通过科学的量化统计，可以检测乡村全民阅读工程和基层公共阅读服务设施是否达到标准，并评估项目绩效。

2.建立阅读活动效果评估体系

为了真正改变乡村居民的阅读习惯，需要进行符合本地社会文化特点的、深入乡村群众中的阅读推广活动。营造积极的阅读氛围，引导乡村居民积极参与阅读。但要了解阅读推广活动的实际效果，需要依赖科学的调查方法进行评估，以便为相关部门规划和布局乡村阅读推广工作提供科学依据。

五、多渠道筹措资金，鼓励社会力量投入乡村阅读

首先，需要增加政府在乡村阅读领域的财政支持。在推进乡村振兴战略的执行过程中，相关政府部门要积极进行乡村文化建设和全民阅读项目，以促进乡村文化的振兴，并为乡村的可持续发展提供资金保障。此外，国家在文化建设和全民阅读方面的资金投入也可以更多地向乡村阅读推广领域倾斜，以促进城乡全民阅读的统筹一体化发展。

其次，鼓励新乡贤和在外工作的工商企业界人士为家乡的文化建设与阅读体系建设提供支持。他们可以通过资金、资源、人脉等多方面的方式，全面支持家乡的文化事业，推动家乡经济文化的全面发展。

再次，鼓励各类工商企业和社会公益机构积极参与乡村阅读文化建设，以促进乡村经济和文化的振兴。目前，很多领先的企业已经参与乡村建设中。此外，一些社会公益机构也在积极参与乡村文化建设，如上海真爱梦想公益基金会致力于改善乡村教育的不均衡问题，为乡村儿童和教师提供系统化的公益阅读产品与服务。

最后，积极动员乡村内的本土乡村居民力量参与阅读推广工作，包括乡村的致富带头人、乡镇干部和教师等群体。他们对乡村居民的特点和内在需求了如指掌，同时，也拥有阅读推广所需的各种人际关系和其他本土资源。

他们积极参与乡村文化建设，有助于推动乡村阅读工作在基层蓬勃发展。

六、精准推广，分众化解决阅读知识问题

在总体目标方面，图书馆致力于解决各类人群的阅读和知识困境，但在实际操作中，公共图书馆会受到人力、物力和财力的限制。鉴于乡村地区的教育水平差异，需要实施差异化的阅读指导服务，以有针对性地解决乡村居民阅读和知识方面的问题。实现差异化的乡村阅读指导服务，关键在于准确了解目标群体的文化状态。针对当前乡村阅读情况，可以将目标群体分为两大类。

（1）间断性阅读者：这些人对阅读知识了解有限，需要接受系统化的教育和培训。

（2）不阅读群体：这些人对阅读知识一无所知，其中部分人甚至有厌学情绪。这一类群体主要包括老年人、中年妇女和学龄前儿童，甚至包括一定比例的中小学生。

在这种情况下，图书馆的乡村阅读推广工作必须依据准确的调查数据，深入了解不同类型群体的紧迫需求。首先，要解决乡村地区中小学生阅读知识匮乏的问题，努力改变他们对阅读知识不重要的观念，通过引导性教育手段，激发他们对阅读的兴趣，从而实现深入学习阅读知识和培养良好阅读习惯的目标。

其次，要解决学龄前儿童和老年人群体阅读知识匮乏的问题。这两类群体的知识接受能力较差，属于文化教育中的弱势群体。对于学龄前儿童，图书馆可以采用动画式教学方式，以调动他们的阅读兴趣。对于老年人群体，可以通过集体活动或培训的方式，增加他们的阅读知识积累，提高他们对阅读知识的认知水平，从而培养他们的阅读兴趣和积极参与阅读的意愿。

最后，中年妇女通常有较多的空闲时间，她们天生文静而充满想象力，具有较强的自我提升意识和文化责任感。因此，图书馆可以为这一群体提供定期的阅读知识培训，帮助她们掌握阅读技巧和阅读途径。这将有助于中年妇女更好地参与阅读活动，提高她们的文化素养。

第六章　乡村阅读推广的条件与保障

第一节　阅读空间设施

现阶段，我国乡村阅读空间设施主要包括农家书屋、文化礼堂和民办图书馆等，其中以农家书屋为主。近年来，我国各级政府高度重视乡村阅读空间设施的建设，出台了相应的管理性文件，阅读推广在乡村取得了积极成效。

一、农家书屋

2007年，新闻出版总署、中央文明办、科技部、国家发展和改革委员会、财政部、民政部、农业部、国家人口和计划生育委员会等八个部门联合发布《"农家书屋"工程实施意见》（以下简称《意见》），开启了我国建设农家书屋的热潮。在这个《意见》颁布之前，我国的农家书屋建设相对滞后，国家各级政府对农家书屋的重视程度相对不够。自从2007年联合发布《意见》之后，从国家层面开始全面推动这项工作。在《意见》中明确提出，农家书屋可供借阅的实用图书不少于1000册，报刊不少于30种，电子音像制品不少于100种（张）；在此基础上，可增加一定比例的网络图书、网络报纸、网络期刊等出版物。为了更好地将《意见》落实到位，2008年，八个部门委托新闻出版总署制定了《农家书屋工程建设管理暂行办法》（以下简称《办法》）。在该《办法》中，又将农家书屋的建设标准有所提升，规定农家书屋可供借阅的实用图书不少于1500册，品种不少于500种，报刊不少于30种，电子音像制品不少于100种（张），并具备满足出版物陈列、借阅和管理的基本条件。

以上是我国国家层面农家书屋工程建设的有关意见和办法。各省根据国家政策都制定了适合自己发展的农家书屋工程建设管理工作的意见或相关办法。2013年8月，浙江省8个部门联合发布《浙江省农家书屋建设管理暂行办法》，规定必须满足国家的《办法》，同时，要求每年必须更新不少于100册的图书、20种报刊及20种音像制品。除了对文献信息资源的这些规定外，浙江省还要求农家书屋应按照"1234"规范化管理模式进行管理，即一枚公章（浙江省农家书屋专用章）、两块牌子（农家书屋标牌、农家书屋开放时间牌）、三项制度（农家书屋管理制度、农家书屋管理员工作细则、农家书屋借阅制度）、四个本子（出版物目录登记本、农家书屋固定资产登记本、图书借阅登记本、征求意见本）。悬挂统一标牌，公开管理制度和借阅制度，做到各项制度上墙。

2012年7月，湖北省发布《关于加强农家书屋工程建设管理工作的意见》，规定农家书屋图书不少于1200种1500册，报刊不少于20种，电子音像制品不少于100种（张）。国家新闻出版广电总局重点推荐目录品种和册数所占比例均不得低于70%，图书结构比例为政经类占4%、科技类占40%、生活类占10%、文化类占35%、少儿类占10%、其他类占1%。可见，湖北省在农家书屋建设时不仅对藏书量有要求，而且对图书结构有严格要求。为了鼓励农家书屋建设，湖北省每年积极开展"模范农家书屋"创建、"优秀管理员"和"星级读书户"评选活动。

2013年12月，江苏省新闻出版局等在内的18个部门联合发布《关于实施农家书屋提升工程的意见》，要求做好江苏省乡村阅读推广工作。农家书屋藏书的选择上，国家新闻出版广电总局推荐目录列入的品种和数量比例为50%，江苏版出版物的比例为40%，自主选择出版物的比例为10%。

随着国家和各级政府对农家书屋建设的重视，农家书屋的建设也越来越好。目前，许多经济发达省份的农家书屋建设已经迈入了数字化建设阶段。现阶段，阅读设施一般包括图书、报刊、电子音像制品、计算机、书桌、防火设备、一定的建筑面积、悬挂统一标志牌和相关管理制度。农家书屋中的图书一般不低于1500册，品种较多，定期更换；报刊不低于20种，定期更换；电子音像制品不低于 100 种（张）；计算机一般要求至少有一部联网；书桌若干，一般二三十张；防火设备是必需品，要确保读者的安全；室内面积一般不低于 20 平方米，最好能召开村里的一些会议；统一标志牌，必须悬挂"农家书屋"牌；相关管理制度一般包括农家书屋管理制度、农家书屋管理员工作细则、农家书屋借阅制度等，并要求制度必须上墙。

二、文化礼堂

2013 年，浙江省乡村居民人均纯收入已连续 29 年位居全国各省、自治区之首，在经济富裕的基础上需要实现精神富裕。从 2013 年开始，浙江省把建设乡村文化礼堂列为当年要办的"十件实事"之一，让文明之风播进乡村居民心田。"文化礼堂工程"成为浙江建设"两美""两富"的重要抓手。截至 2022 年底，浙江省已建成文化礼堂超 20000 个。

文化礼堂是丰富乡村居民精神文化生活、宣扬良好家风的场所，在现阶段，文化礼堂也是非常适合阅读推广的，一是其定位与阅读很契合，二是其空间布局比较适合阅读推广。在许多文化礼堂中都专门摆放图书供乡村居民借阅。文化礼堂与阅读结合最多的是一些阅读推广活动。2014 年 9 月，浙江开展全民阅读走进杭州乡村文化礼堂活动，在乡村文化礼堂共举行了 40 场巡展巡讲活动，内容非常丰富，包括科技、教育、法治、文艺、民俗等。2018 年 4 月，温州市龙湾区各文化礼堂举办亲子阅读活动，分设"魔法书互动""故事分享"与"亲子魔法书制作"三个环节，培养读者养成爱读书、好读书、读好书的习惯。

根据 2017 年 10 月 1 日起施行的《乡村文化礼堂建设标准》的规定，文化礼堂应包括礼堂、讲堂、展示展览用房、文体活动用房和辅助用房。其中，文化礼堂的文体活动场所包括电视室、电脑室、阅览室、谈心谈话室、排练室、乒乓球室、书画室、保健室等，同时，还对建设指标、用地指标和建筑面积比例等进行了有关规定。

三、民办图书馆

我国有许多民办图书馆，分个人形式和公司形式两种。一般个人形式的民办图书馆规模较小，其阅读空间及设施相对简陋，包括空间大小不一的书库、一些桌椅和书籍。我国个人形式的民办图书馆有许多是通过网上众筹的方式建设完成的。如孙世祥公益书屋的馆舍由村委免费提供，图书、书柜、桌椅、工作电脑、投影仪等通过网上众筹的方式完成。公司形式的民办图书馆规模相对较大，主要体现在阅读空间较大、书籍较多、桌椅也较多，还配备有消防设施等。如"第二书房"是以"家庭亲子阅读"为主题的会员制连锁图书馆（阅读空间），集合了图书馆、咖啡厅、活动室、展览展示等功能，总面积1000多平方米，其中，图书馆部分300多平方米，图书12000册。

第二节 阅读资源体系

阅读资源体系是为了满足读者的图书信息等相关需求而提供的一系列资源，并且随着读者需求的变化而进行不断的调整。总体来说，现阶段我国乡村的阅读资源体系可分为两部分：数字阅读资源体系和纸质阅读资源体系。

一、数字阅读资源体系

（一）概况

一般而言，数字阅读资源体系是指为了满足读者的信息化需求，更好地了解外面的世界，以及弥补纸质阅读资源体系的不足，而向读者提供的网络资源。2018年4月18日发布的《第十五次全国国民阅读调查报告》显示，数字阅读越来越受到社会大众的喜爱。随着人们阅读方式的转变，目前我国乡村图书馆也在不断提升阅读资源体系建设，现在社区阅读室与农家书屋基本配备了联网计算机，甚至开通了Wi-Fi，让读者能方便地访问数字资源。同时，各地还借助"移动互联网＋图书馆"的模式，不断提升乡村数字阅读资源建设水平。

（二）数字阅读资源体系分类

现阶段，我国乡村的数字阅读资源体系可分为学术型资源、娱乐型资源、科普型资源、应用型资源和培训型资源。学术型资源是为读者提供学术研究所需的资源，主要为从事科研工作的读者服务，比较常见的有中国知网CNKI数据库、万方数据库和维普数据库等。娱乐型资源是指使读者放松、休闲娱乐生活的资源，内容和形式多样，包括漫画、小说、诗歌、散文和音像资源等，如大量的电子图书期刊、音像等。娱乐型资源也是最受读者欢迎的资源,使用率最高的资源。科普型资源向公众科学普及各方面知识,让公众接受并理解,包括天文、百科地理、医学、工业、百科知识等。科普型资源能帮助向偏远乡村的读者进行科普宣传。应用型资源主要是大众读者最关心的,在实际生活中能应用得上的一些知识。培训型资源主要针对一些就业、创业等职业培训,读者通过网络书籍或视频学习自我就业或者创业的相关知识。

(三)数字阅读资源体系建设

数字阅读资源体系建设主要包括政府采购和自建两项。政府采购是建设数字阅读资源体系一项非常重要的工作,它主要是基于读者的需求和兴趣爱好而有目的地采购一些数字资源。自建数字资源是建设数字阅读资源体系另一项非常重要的工作。根据本地的文化资源优势,本地政府和文化机构积极挖掘整理,这既是对本地优秀文化的保存,又能丰富乡村的数字资源。

二、纸质阅读资源体系

纸质阅读作为一种较为传统的阅读方式,更加侧重阅读体验,同时,受到阅读习惯影响,纸质阅读更容易引发读者思考,进而更有利于读者对知识的吸收和掌握,因此,即便受到数字资源的冲击,纸质图书依然为很多读者所喜爱。乡村阅读推广中的纸质阅读资源体系是指社区及乡村图书馆为读者提供的图书、报纸、期刊等纸质资源。关于乡村纸质阅读资源体系建设,国家和各级政府都有明确规定,也在上一节"阅读空间设施"中有重点论述。整体而言,社区图书馆比乡村图书馆的纸质阅读资源更丰富,更换也更频繁。民办图书馆相对公办图书馆,提供的纸质阅读资源会丰富些,许多民办图书馆希望通过提供更丰富、更有吸引力的纸质资源来吸引读者,产生良好的社会效益。如深圳一家公司推出了"In Library"计划,为合作的咖啡店提供大量的书籍,而且这些书籍一般都是当下比较热门的图书。目前,我国民间图书馆的藏书数量多寡不均,藏书数量在 1000 册及以下的占 5.8%,1 万册及以下的占 70.9%,藏书量均值为 11415 册，而中位值为 6030 册，众值为 1 万册，标准差为 13432 册，可见，民间图书馆纸质藏书量的差异非常大。现阶段，政府应出台相关政策，进一步提升乡村图书馆的纸质藏书数量与质量，建立互为补充、不断更新的纸质阅读资源体系。

总体而言，目前，我国乡村都已建立了丰富的阅读资源体系，数字阅读资源体系和纸质阅读资源体系也在不断完善中。但相对来说，乡村数字阅读资源体系建设相对薄弱，有待加强。

第三节 阅读品牌活动

品牌,英文为"brand",原意是用于区别不同的饲养者而在动物身上盖章,起到识别和证明的作用。随着社会经济的发展,不同服务之间的竞争不断加大,于是为了区别不同产品、服务而引入了"品牌"这一概念。品牌是一个名称、术语、标记、符号或设计,或这些元素的组合。品牌管理由管理元素和品牌流程组成,其中,管理元素包括品牌名称、品牌标识、品牌组合等,品牌流程包括品牌定位、品牌运营、品牌评估和品牌传播等。良好的品牌建设,有助于全民阅读的推广。阅读品牌活动,即将一个阅读品牌化,一般包括品牌设计、品牌管理和品牌传播三个步骤。

一、品牌设计

品牌设计包括主题设计、方案设计和识别要素。

主题设计是一场阅读推广活动的主要诉求点。如"书香中国·北京阅读季"已举办了13届,由北京市政府主办,其活动主题分别是"快乐阅读,幸福生活""弘扬北京精神,共享全民阅读""助飞中国梦""同绘中国梦""点亮中国梦""领读北京"等。

方案设计是指如何将主题活动落实到位,由一系列的活动组成。"书香中国·北京阅读季"是由北京市政府发起的,该活动非常重视社区阅读推广,认为社区阅读推广是全民阅读推广的基石,只有做好了社区阅读推广,才能真正将全民阅读落实到位。因此,"书香中国·北京阅读季"活动贴近社区读者,举办活动场次逐年增加,参与人数也屡创新高。

识别要素包括品牌名称和标识,有字母型、图案型和综合型等类型,能方便读者记忆和联想。"书香中国·北京阅读季"由地域、行业和时间组成,既表示政府层面的重视,又点明了是为了图书阅读推广活动。图6-1为第13届"书香中国·北京阅读季"标识,左边一个大"阅"字的篆书,点明这是阅读活动；右边分为中、英文两部分，表明北京是个国际都市，同时，也清楚表明这是第 13 届（13ᵗʰ）"书香中国·北京阅读季"。

图 6-1　第 13 届"书香中国·北京阅读季"标识

二、品牌管理

品牌管理是对品牌进行运营和管理的过程，主要包括推广机构、专业队伍、品牌整合等。

推广机构是指专门为推广阅读活动而联系的各组织。如"书香中国·北京阅读季"活动由专门的领导小组办公室主持，同时，有北京人民广播电台和北京大阅文化传播有限公司等承办单位，更有百万庄图书大厦、皮卡书屋、飞芒书房、爱丁岛绘本馆、一起悦读俱乐部、东方出版传媒公司、接力出版社、漓江出版社等协办单位。除此之外，"书香中国·北京阅读季"还邀请了社区图书馆等，构成全民阅读推广体系。

专业队伍是指为推广阅读而进行专门训练的人员。"书香中国·北京阅读季"对参与活动的 16 个区基层社区代表和阅读季部分合作机构代表进行专业的培训。培训内容包括阅读推广主题、阅读推广活动的安排及注意事项等。

品牌整合是指为了更好地落实阅读推广活动，主办方举办的各种品牌活动。如"书香中国·北京阅读季"活动期间开展的"十佳阅读社区""十佳阅读家庭"和"十佳阅读推广人"等评选活动。通过开展相关的评奖活动吸引人气，与"书香中国·北京阅读季"主品牌互动。

三、品牌传播

品牌传播是指加深消费者对品牌印象和认知的过程。乡村阅读推广的品牌活动包括名人效应和媒体平台。

名人效应能吸引读者的眼光，让更多人因为名人而关注图书阅读活动，参与阅读。如2018年"书香中国·北京阅读季"邀请了知名朗诵艺术家殷之光、陈铎，2017中国好书奖作者、《中关村笔记》作者宁肯，北京人民广播电台主持人等社会知名人士现场为阅读代言。因此，乡村图书馆在进行阅读推广活动时也可考虑邀请当地具有一定知名度的人士参与，提升读者的活动参与程度。

媒体平台对整个阅读推广期间的活动进行跟踪报道，从而提升活动的知名度。如2017年"书香中国·北京阅读季"活动与北京日报、北京人民广播电台读书俱乐部、新京报、中国新闻出版广电报、中国文化报、北京晚报、北京青年报、北京晨报、北京电视台、中央人民广播电台、中国出版传媒商报、新浪网、腾讯网、人民网、新华网、千龙网、网易云阅读等新闻媒体合作，全程、全方面进行宣介。乡村图书馆在进行阅读品牌推广活动时，可邀请当地电视台、报纸、政府单位等参与，通过他们的媒介渠道向社会推广。

总体来说，现阶段，我国乡村阅读推广方面的知名阅读品牌活动还比较少，社会影响力有待加强。

第四节 阅读推广人

一、阅读推广人的兴起及其概念

随着政府和社会对全民阅读越来越重视,更多的人自发参与阅读推广,这对阅读推广需要有一定专业知识和业务技能的人来开展有针对性的活动提出了要求。在这一背景下,阅读推广人应运而生。阅读推广人的职责是推广阅读,传递阅读价值观念,帮助他人尤其是青少年培养必需的阅读兴趣与高尚的阅读品位,获得阅读能力、思辨能力和批判能力。阅读推广人关注市民的阅读兴趣培养和阅读能力建设,推动他人从"爱读"走向"会读",同时,还关注阅读公平,为推动弱势群体阅读创造条件。

现阶段,我国阅读推广人主要来自四个领域:书店、书屋等阅读空间的运营者;读书会等阅读活动的策划人;阅读内容的遴选者,如媒体平台上从事图书推荐的编辑、从事阅读研究的高校专家;阅读服务的提供者,如图书馆工作人员等。近年来,随着全民阅读的蓬勃兴起,阅读推广人越来越受到政府和社会的关注,各级政府和社会组织开始对阅读推广人员开展专门培训,出现了专业阅读推广人员。深圳是我国第一个由政府牵头组织阅读推广培训的城市,随后越来越多的政府单位组织了专业阅读推广培训,并取得了明显成效。

在我国阅读推广发展过程中,对"阅读推广人"有过三个定义,分别是深圳市、张家港市和中国图书馆学会。按照《深圳市阅读推广人管理办法》的定义,阅读推广人是指个人或组织阅读机构,通过多种渠道、形式和载体向公众传播阅读理念、开展阅读指导,提升市民阅读兴趣和阅读能力的专业与业余人士。

2012年3月,《张家港市阅读推广人管理暂行办法》第一条指出:"阅读推广人是指不以物质报酬为目的,热心阅读推广工作,具备一定阅读推广知识、技能,自愿为社会公众开展阅读指导辅导、传授阅读方法、播撒阅读种子的人。"2013年6月,《张家港市阅读推广人资格认证管理制度(试行)》规定,从事阅读推广公益性服务的群众性阅读推广人队伍,分为阅读推广员和阅读推广师。阅读推广员是指热心阅读推广工作,具备一定的阅读推广知识、技能,自愿引导市民参与利用阅读资源,或协助全民阅读推广师组织策划各项活动,为阅读推广活动的顺利进行提供辅助性服务的人。阅读推广师则是指运用自身专业知识、技能,面向广大市民传授阅读技巧,分享阅读经验,提升阅读能力,提供专业化、规范化阅读指导的人。

2014年,中国图书馆学会给"阅读推广人"下的定义是:具备一定资质,能开展阅读指导、提升读者阅读兴趣和阅读能力的专职或业余人员。

从以上三家单位对"阅读推广人"概念的解读可知,阅读推广人必须具备以下素质:具备一定的资质或具备一定的阅读推广知识和技能,自愿为阅读推广提供服务,能进行专业的阅读指导工作,能起到提升读者阅读兴趣的作用。根据阅读推广人的定义,可从狭义和广义两个层次来理解。狭义的阅读推广人是指受过政府组织在阅读推广领域的专业培训,并且获得相应证书的人;广义的阅读推广人是指为阅读推广做出贡献的个人、组织或团体等,而且不应以是否盈利为划分标准。

我国基层阅读推广人应为广义的"阅读推广人"概念,即不以营利为目的,只要是促进全民阅读的个人、组织或团体都可以。阅读推广人在基层的阅读组织及各类阅读推广活动,一定程度上弥补了基层图书馆阅读推广服务的不足,推动阅读重心下移,真正实现了阅读走向基层、走进民间。但目前,我国基层阅读推广人的知识结构和业务技能亟待向专业化、系统化方向转变,以进一步提升阅读推广的服务效能。

二、阅读推广人培训

(一)培训机构

目前,我国提供阅读推广人培训的有政府部门、学会、个人、民间机构等。有许多政府部门开始提供专业的阅读推广人培训,如上海市、深圳市、张家港市、江阴市、烟台市等。政府部门是我国阅读推广人培训的主体和推动者,为所在区域的阅读推广活动培养专业人才。上海市将阅读推广人根据不同的读者群体划分为儿童阅读推广人(1~6岁)、少年阅读推广人(6~14岁)、青年阅读推广人(主要针对在校大学生)、老年阅读推广人、盲人阅读推广人、数字阅读推广人等,从而提供有针对性的培训。中国图书馆学会也是我国阅读推广人培训的主力军之一,并指导相关单位和社会团体开展阅读推广培训。此外,个人及民间机构也参与阅读推广人培训,他们主要是为一些阅读推广爱好者提供培训,但个人和民间机构提供的阅读推广人培训主要面向儿童阅读。

(二)培训内容

阅读推广人培训的内容一般包括基础理论、阅读推广实践课程、教学展示、交流活动等。如上海市图书馆的阅读推广人培训采取"3+X"模式,即固定课程、实践课程、教学展示和根据课程需要进行相应的交流活动。中国图书馆学会的培训内容包括阅读推广基础工作、阅读推广基础理论、儿童阅读推广、经典阅读推广等。重庆与中国图书馆学会联合举办的阅读推广人培训的内容则包括图书馆阅读推广中的基础理论、图书馆阅读推广的深化路径与专业提炼、图书馆阅读推广中的营销学原理与方法、阅读疗法研究、中国的阅读传统、全球视野下的阅读立法研究等角度。

目前,我国还没有统一的阅读推广人准入制度,各级政府、学会,乃至个人及民间机构都可以举办阅读推广人培训,因此我国阅读推广人培训形式多样、内容丰富,但目的都是提高阅读推广人的业务素质和专业能力,以便其更有效地开展全民阅读推广活动。目前,我国阅读推广人培训一般分为公益和收费两种模式。公益的阅读推广人培训一般是由政府组织的,如上海市政府组织的阅读推广人培训,收费的阅读推广人培训一般是由民间机构和社会团体组织的,两者之间互为补充,共同促进我国阅读推广活动,特别是乡村等基层地区阅读推广活动的深入开展。

全民阅读是一项造福国家和社会大众的美好事业,阅读推广人则是这项事业中最可爱的园丁。在全民阅读已经成为国家战略的今天,我国乡村迫切需要一支数量更多、类型丰富、素养专业的庞大的阅读推广人队伍。同时，各级政府部门和行业组织应通过总结经验、发现典型，命名和表彰一批基层阅读推广人，引导与激励专业人员和志愿者积极投身于乡村的阅读推广活动，推动基层全民阅读活动不断走向深入。

第五节　社会力量共助

阅读推广是一项政府主导的文化惠民工程，同时，也是一项系统工程，单靠政府的组织、引导是远远不够的，还要依靠各种社会力量的参与，共同提供阅读服务、开展阅读活动、引领阅读风尚，促进全民文化素质的提升。现阶段，基层参与乡村阅读推广的社会力量主要包括民办图书馆、文化服务供应商、志愿者服务队伍等。

一、民办图书馆

民办图书馆是乡村图书馆阅读推广的重要力量。民办图书馆可分为个人形式和公司形式两种。

个人形式的民办图书馆通常是在社区或乡村等公共图书馆服务相对较差的地方设立，可以在一定程度上弥补公共图书馆服务的不足。个人形式的民办图书馆一般都是通过众筹的方式获得经费和书籍等。由于众筹具有低门槛、多形式、依靠大众的力量及注重创新等特点，有许多热心于大众阅读推广的个人都借助于众筹实现组建民办图书馆的愿望。众筹网是目前我国知名度最高的众筹平台，我国图书馆众筹项目99%都是在该平台进行的，在该平台发布有600多个项目，其中比较有代表性的有"永和核桃圆孩子书屋梦""第二书房北京金中都图书馆""北大91级校友共建元坊村蒲公英乡村图书馆""浙江桐庐荻浦古村乡村图书馆"。据研究，乡村图书馆众筹成功的关键因素包括：项目有特色，符合国家的相关政策，做好项目流程管理，定期更新项目，多方资源共同协助等。

公司形式的民办图书馆拥有较强的经济实力和广泛的社会资源，因此一般在藏书数量、藏书种类及环境布局、设施配套等方面都比较好，比较有代表性的是筑香书馆和悠贝亲子图书馆。

筑香书馆是一座纯公益性的图书馆，由宁波市建设集团股份有限公司捐建。筑香书馆的馆舍占地面积 300 多平方米，内设有超过 50 个阅览座位。馆藏图书数量约为 1.5 万册，同时，提供 20 多种不同的报刊。为了提高管理效率，书馆采用了 RFID 智能化管理系统，读者可以自助办理借书和还书手续。书馆全年 24 小时开放，无须人工值守，提供免费使用。此外，书馆内还提供无线 Wi-Fi 网络，方便读者在线阅读。筑香书馆也积极举办各种活动，包括报告会、讲座、培训和展览等，为读者提供更多的文化交流机会。书馆的日常事务基本上是无人管理的，只有一名工作人员负责协调处理突发情况。此外，书馆还招募了一批社会志愿者和大学生志愿者，不定期前来帮助整理图书和处理新书的包装。

悠贝亲子图书馆成立于 2009 年 2 月，是国内首家专业推广亲子阅读的机构，如今已经成为国内领先的亲子阅读品牌。悠贝亲子图书馆提供多项服务，包括数以万计的高质量绘本图书借阅、专业的亲子阅读指导，以及丰富多彩的亲子阅读活动。目前，全国范围内已经有超过 120 家悠贝亲子图书馆，遍布 68 个城市，包括北京、广州、深圳、上海、天津、成都、武汉、太原、杭州、苏州、乌鲁木齐、郑州等城市。悠贝亲子图书馆的目标是为 0~8 岁孩子的家庭提供专业的亲子阅读服务，旨在帮助这些家庭养成良好的亲子阅读习惯，促进亲子之间的感情，拓宽孩子的视野，提高家庭文化教育水平。

二、文化服务供应商

文化服务供应商依托其强大的资源和技术优势，为乡村图书馆提供大量的图书和先进的通信技术，让偏远地区的读者也能享受数字阅读。安徽省首个数字农家书屋——蒋集镇农家书屋，由该镇走出去的知名作家金兴安创办，安徽省时代出版传媒股份有限公司为该农家书屋提供电子阅读公共服务平台。通过该平台，蒋集镇农家书屋的读者可访问 5 万册电子图书、3 万册音频听书、500 部电影及 15 万分钟的微课，能在线看书、听书，或者下载各类电子书及音视频文件。安徽省新华书店集团与安徽省肥西县合作，利用该集团数字出版的巨大资源优势，在该县部分乡镇试点探索数字农家书屋，实现了部分村镇社区文化书屋数字化、网络化和多媒体化。

三、志愿者服务队伍

公共图书馆最早尝试招募志愿者始于 1996 年的福建省图书馆。此后经过 20 多年的发展，我国公共图书馆已经普遍招募志愿者团队提供阅读推广等服务，其优势在于：一是可大大缓解图书馆人手不足的问题；二是可优化图书馆员工的知识结构，满足读者不同的知识需求；三是志愿者可成为图书馆与读者之间沟通的纽带；四是志愿者来自读者，更容易接近读者和传播阅读活动，可提升图书馆的美誉度。

我国公共图书馆志愿服务岗位包括阅读推广主讲人（成人）、阅读推广主讲人（少儿）、阅读推广策划人、阅读推广技术人、阅读推广文案及阅读推广活动服务岗。图书馆的志愿者在进行乡村阅读推广时，可通过志愿服务内容海报宣传、公共文化服务项目资料免费发放、图书馆免费办证办理登记、扫二维码送礼品、期刊赠送等形式向公众传递全民阅读的理念。

与此同时，虽然志愿者不是图书馆的正式职工，但是图书馆仍应对他们进行管理。一是做好舆论监督，确保向读者宣传正面、积极向上的内容；二是制定志愿者服务条例和管理制度，做到有章可循；三是对志愿者服务队伍进行专业培训，提升他们的专业水平；四是在经济许可的条件下，对志愿者提供一定的经济激励，提高他们的积极性。

总而言之，近年来，随着全民阅读活动持续深入开展，参与乡村阅读推广的社会力量不断增加，推广手段不断丰富，社会影响力显著增强。但我们也要看到，在基层阅读推广中存在着良莠不齐的现象，甚至有些社会组织借着阅读推广的名义开展商业活动。政府部门应该加强对包括民办图书馆、文化服务供应商和志愿者服务队伍等在内的阅读推广社会力量的管理与引导，发挥各类社会组织的特长和优势，规范基层阅读推广活动，促进乡村基层阅读推广健康发展。

第七章　乡村阅读推广活动

公共图书馆是全民阅读推广的主体。近年来，在倡导全民阅读的社会大背景下，各级公共图书馆顺应时代发展的需要，利用各自的馆藏资源和人才优势，开展了内容丰富、形式多样的阅读推广活动，阅读推广已成为公共图书馆领域最引人注目的服务。

阅读推广可提升图书馆的服务水平，使其更符合核心价值观。图书馆核心价值观的阅读推广目标包括：吸引不喜欢阅读的人培养阅读兴趣；教育不会阅读的人掌握阅读技能；帮助面临阅读障碍的人克服困难。阅读推广对图书馆的重要性在于满足读者需求。同样地，乡村阅读推广的目标是：提高图书馆资源的利用率；激发乡村居民的阅读兴趣，增强他们的阅读能力；提供阅读交流平台。

因为乡村最贴近民众，是推广、普及、保障全民阅读的最佳场所，因此面向乡村开展阅读推广活动最能体现图书馆的价值，能为培养民众的阅读习惯、营造全民阅读氛围、推动书香社会发展提供有力的支持。

第一节　乡村阅读推广活动的策划

"策划"一词的使用有着悠久的历史。最早可见于《后汉书·隗嚣传》，意思是"计划""打算"。就图书馆而言，乡村阅读推广活动的策划是指策划人员在组织面向乡村开展阅读推广活动之初，创意活动主题、设定活动目标、制定活动方案的过程。在这一过程中，策划人员首先需要进行详尽的调研，明确读者需求，结合馆内现状，设定活动目标和要求；其次，根据具体条件如人力、财力、物资等，拟定若干具体活动方案，并对它们进行详细比较和优选；最后，确认最适切、最有效的方案以达成既定目标。

一、组织策划团队

策划团队是开展乡村阅读推广活动的核心因素。无论是大型的广场阅读活动，还是小型的室内沙龙活动，都离不开策划人员。小型活动，一个工作人员就可以完成整个活动的策划；大型活动，则需要一个部门或好几个部门组成的策划团队共同完成。

同时，策划团队的组成人员除了图书馆工作人员外，还可以"借脑"，通过征集、邀请馆外的志愿者参与策划，借助社会力量，进行"头脑风暴"，为乡村阅读推广活动顺利开展奠定良好的组织基础。

例如，贵州省图书馆的"贵阳市社区儿童阅读共享项目"，专门组建了一支由项目人员、项目顾问团、农民工子女学校教师、社会志愿者组织及爱心志愿者组成的阅读推广项目团队。通过阅读工作坊培训、项目顾问指导、互动交流等形式，提升了团队的凝聚力、协作能力、项目执行管理能力和阅读推广能力。

二、进行调查研究

在策划某一项读者活动特别是一些大型读者活动之前，需要进行可行性调查研究，以确定活动主题，明确活动对象，构思活动形式，考察活动地点，选择合作单位等。调查研究做得越细致、考虑越充分，所策划活动的成功率就会越高。例如，可以通过发放调查表、访问读者、总结活动经验等方式，了解不同类型读者的需求。同时，做好图书馆内部的调研，摸清现有资源的情况，包括经费预算、场地安排、时间选择等，先了解有多少经费可支配、有哪些资源可以用，包括如何利用好面向社会征集到的志愿者资源，如何将这些活动资源与时事、节庆相关联；此外，还可与学校、社区、残联等社会团体建立长期合作关系，了解其需求，并在活动策划时考虑为其提供定向服务，结合多方面的因素来作出客观决策。做好调查研究，便于针对不同群体开展不同活动项目，选择最佳时间计划，还需注意特殊群体的特殊需要。

三、确定活动主题

图书馆开展读者活动，必须围绕一个鲜明的主题。一个好的活动主题才能给读者留下深刻的印象，才能带来显著的社会效益。对于图书馆开展的乡村阅读推广活动，由阅读推广部等活动策划团队牵头，确定活动具体的主题，以便开展相应的活动。例如，由中国图书馆学会及中央广播电视大学联合主办的"手牵手——乡村青少年阅读行动"活动，主题是"用书籍滋养心灵的沃土"，即"用电大人及其他社会有志人士智慧和真诚的大手，牵动亿万求知若渴的乡村青少年的小手"，专门面向乡村青少年开展专家讲座、专题讨论、座谈的专题互动活动。又如，张家港市乐余镇阅读节，以"阅读，让乡风更文明"为主题，推出经典诗文诵读大赛、家庭才艺表演、亲子阅读系列等多项精彩纷呈的活动。再如，西安图书馆2017年漂流书的活动主题为"春天来了，我们一起种本书"，通过在社区发布征集启事，号召读者捐书，让读者将自己捐出的书贴上用于图书漂流的绿色漂流书签，填写捐书者姓名及捐献册数，放置于分布在各小区的自助图书馆的绿色漂流书架，供居民取走阅读，以达到提升阅读氛围、好书共享的目的。

对于一些大型的阅读推广活动，还会有总主题、分主题，即先确定活动总主题，再根据这一总主题确定具体活动的分主题，并且可以围绕主题，开展各种形式的子活动，比如，专题讲座、专题展览、绘本故事会、读书会、诗歌会、电影欣赏、音乐会、手工 DIY、知识竞猜、文化沙龙、主题演讲、经典诵读、读书征文、知识竞赛等。

四、制定活动方案

一份详尽的活动方案是活动顺利开展的基本保障。活动方案的内容主要包括活动的名称、主题、主办单位、承办单位、目的、内容、时间、地点、参与方法、经费预算等基本要素。活动方案是活动具体操作的指南。东莞图书馆"我讲书中的故事"儿童故事大王在活动之初便起草了活动方案，包含活动宗旨、活动内容、比赛形式、组织机构、具体要求、评奖办法等内容，便于活动统筹安排，力图做到事无巨细、万无一失。

将活动方案进一步细分，可分为策划方案和实施方案。策划方案包含活动的基本要素，如名称、主题、宗旨、目标、主办单位、承办单位、组织机构、媒体支持、时间、地点、内容、工作要求等，是活动的整体规划；实施方案则在策划方案的基础上更加详细，包括具体活动的时间、地点、议程、参与人员、礼仪、宣传、预算、责任分工等细节，为活动的顺利开展提供详尽的指导。细致的策划和实施方案是确保活动成功进行的基本保障。

制定活动方案的注意事项如下。

活动的目的必须明确，内容紧扣主题，力求新颖且创新，以强烈吸引读者。

活动时间和地点的选择应考虑读者的可参与性，通常安排在双休日或节假日，以方便读者参加。同时，必须评估场地的容纳能力，确保参与人数与场地容量之间的平衡。如果是户外活动，则还需要考虑天气因素。

活动细节应考虑周全，包括前期气氛营造、领导邀请、媒体宣传等方面。在场地布置方面，要提前调试音响和灯光。确保主持人的沟通顺畅，礼仪服务得到妥善安排。

对整个活动的经费需进行详尽的预算，尽量全面考虑各方面费用。可以整合各类社会资源，与妇联、学校、社会团体等单位合作举办活动，充分整合各种人力、物力和财力资源，以实现合作共赢的目标。

在活动策划中，任务应分解为具体项目，并分配给相应的负责人。责任必须细化，以确保各项任务的顺利执行。制订明确的活动分工表，将场地布置、嘉宾接待、座次安排、媒体宣传、活动主持、灯光音响、摄影摄像、秩序维护、车辆接送等任务逐一分配给具体的责任人，并召集这些责任人进行详细的工作说明，确保每位责任人了解其角色，以保障整个活动的成功进行。

同时，活动的宣传和引导也至关重要。在宣传方面，可提前通过网站和微信发布消息，通过新闻媒体进行宣传报道；在引导方面，需要为参与活动的人提供报名途径，例如，在微信上提前报名或领取免费入场券。

第二节　乡村阅读推广活动的组织实施

乡村阅读推广活动的组织实施十分重要。阅读推广活动作为一项系统工程，在策划、实施的每个环节都凝聚了图书馆人的智慧与心血。只有根据参与对象的自身特点，盘活各类资源，将活动办出特色，才能吸引读者参与，从而使图书馆的影响力不断扩大和增强，提升图书馆的社会地位。

一、广泛宣传

为保障活动的顺利组织实施，在活动组织实施之前，需要发布活动信息，做好广泛宣传。首先，图书馆要通过多种方式、多种媒体对活动进行前期宣传推广，预先发布活动信息；为扩大活动的影响力，宣传还需要融合传统媒介与新媒体，以线上与线下相结合的方式进行。既要利用传统的推广媒介，包括海报、横幅、宣传栏、电子屏等进行宣传，又要利用图书馆微博、微信公众号、官方网站、QQ群等平台进行大力宣传。其次，除了进行前期预告、发动读者报名外，还要进行活动的图文宣传报道，有条件的图书馆还可积极尝试活动现场的微信直播，以扩大活动的传播范围和影响力，并积极利用电视、电台、报纸等各种媒介加大宣传推介力度。简而言之，就是要对活动进行多角度、多轮宣传。

二、合理组织

在活动策划好之后，为保证活动顺利开展，合理组织是非常重要的。对于乡村阅读推广活动来说，在活动的现场组织实施过程中，必须做好资源配置工作，围绕具体的某一项乡村阅读推广活动，对现有的人力、物力等进行合理分配，既要充分发挥工作人员之所长，使每个工作人员都能较好地胜任自己的工作，更好地履行职责，又要合理分配、使用好活动经费，保障活动的顺利进行。

为了合理地组织活动，各环节都需要考虑细致、周到。在活动具体实施之前，人员安排、场地布置、文字材料准备、设备调试等都必须逐一落实，大型活动还要预先进行相应的彩排。

活动组织的注意事项：

（1）将实施方案进行细化，从活动准备阶段到最终实施的每个步骤、每个环节都要落实到位，并制订具体的实施表；

（2）注重细节，场地布置、海报背景、横幅悬挂、桌椅摆放、桌牌放置、嘉宾讲话稿、资料袋等都要逐一确认，以便按计划准时开展活动，确保活动有序进行；

（3）图书馆各部门要分工合作，有些乡村阅读推广活动由专门的部门负责，如阅读推广部，但有些图书馆的读者活动由多个部门负责，如推广部、少儿部、阅览部等，在分工的基础上应加强合作，共同把活动组织好；

（4）组织活动时，工作人员的着装应整洁大方，有条件的图书馆可统一馆服；

（5）现场实施过程中，还要随时观察，如遇人员临时调整等突发状况，要做好统筹协调，及时做好处理。

此外，在组织活动过程中，因为活动的环节多，所以需要的人手也就比较多，但工作人员有限，这时就需要充分利用社会志愿者，借助社会力量顺利组织活动。

例如，贵州省图书馆组建了贵阳市社区儿童阅读共享项目的布客志愿者团队，这支团队具备专业的阅读推广能力，承担了活动中的阅读推广主题活动。同时，贵州大学明德学院红十字会和贵阳学院的大学生志愿者也参与协助现场服务，负责维持活动现场秩序，为活动的顺利开展提供了多方面的支持和保障。

又如，安徽省合肥市包河区紫竹苑社区城市阅读空间"半亩方塘"定期与高校、志愿者、热心读者合作，邀请其为"半亩方塘"提供专业类讲座讲学、手工制作等活动，通过活动，将社会资源进行整合，打造更大、更广的活动平台。

三、适当激励

在乡村阅读推广活动中，吸引读者积极参与至关重要。为了保证一定的读者参与量，图书馆可以采取多种策略和方法。其中包括奖励机制，如赠送图书或发放小奖品，以鼓励乡村居民积极参与活动。此外，还可以设立各种荣誉称号，如"优秀读者""优秀志愿者""阅读达人""读者之星"，以精神激励的方式表彰积极参与的读者，从而提高他们对图书馆的忠诚度和活动参与度。这些激励措施有助于更好地推动乡村阅读活动，提升图书馆的服务效能。

举例来说，"小橘灯"阅读计划采用了图书馆与学校的合作方式来推进，图书馆负责策划和组织，学校提供协助与落实。每学期，他们向辖区内的在校学生免费分发阅读记录册，组织学生参与阅读积分活动，并由学校的语文教师提供指导和监督。根据积分情况，每学期评选出"阅读之星"并进行表彰和奖励。在该计划实施的5年中，已经发放了近6万册阅读记录册，有300多名学生获得了"阅读之星"奖励，并有52名教师被评为"优秀推广员"。这一阅读积分行动计划有效地激发了学生的阅读兴趣，培养了他们的思考和积累阅读的良好习惯。

四、活动绩效评估

从策划学的角度来看，活动的总结评估定义为：在一定原则的指导下，运用科学的方式，对实施内容、运作程序、操作手段、功能结构及其最终效果等作出公正的判断和结论。对于乡村阅读推广活动来说，活动绩效评估是活动的最后一个环节，做好这一环节，对整个活动进行总结评估，既有助于提升本次活动的完整性，又为下一次活动策划提供参考借鉴。

在具体的一项乡村阅读推广活动实施之后，及时进行有效总结和评估，填写活动记录表（见表7-1），既是做好活动档案材料保存的需要，又能促进下一次读者活动的有序开展。具体而言，可以从读者反馈、自我总结、媒体报道、领导评价等方面对活动效果进行评估，也可以从活动目标是否明确、读者参与是否积极、活动创新点是否鲜明、经费投入是否合理、活动资料收集是否全面、读者反馈是否满意等内容进行评估，及时总结活动的整体效果，分析活动的优点和不足，为下一次活动的策划与实施提供借鉴。如果活动没有达到预期效果，那么可重点审视以下问题。

1.活动策划是否科学合理

①活动的目标用户是否明确。

②所设方式是否符合目标用户的特点。

③时间、地点选择是否合适。

④人员安排是否合理。

⑤经费投入是否合理。

2.活动宣传是否到位

①馆内宣传是否到位。

②网络宣传是否到位。

③其他宣传（相关场所）是否到位。

④新闻媒体宣传是否到位。

⑤宣传单等是否有不清晰之处。

3.活动实施是否顺利

①有没有预想的情况发生。

②采取的应急措施是否有效。

③是否还有更好的应急措施。

④现场是否有不愉快的事情发生。

⑤应该如何避免不愉快事件的发生。

表 7-1 活动记录表

名称	
时间	
地点	
组织机构 （主办、承办、协办）	
预期目标 （目的、意义、受众目标、预期效果）	
项目概况	
活动内容	
工作内容 人员分工 时间节点	
经费使用情况	
绩效评估	
策划人：　　　　部门主任意见：　　　　领导意见：	

第三节　乡村阅读推广活动的品牌建设

品牌是一种特定的标志，传达着一种价值理念和精神内涵，是卓越品质的核心体现。品牌的活力与社会认同息息相关，品牌形象则是读者头脑中对品牌的主观印象，包含了读者对品牌的感知、理解和联想等多个层面。品牌形象是一个多维度的概念，核心在于品牌的内涵，涵盖了活动传递的文化内涵和品牌特质。它还反映了活动的质量、持续性，以及参与者的数量和质量。对于乡村阅读推广活动来说，要将其发展成为一个品牌，不仅需要有一个具体的品牌名称，还需要具备持续性和影响力，这包括品牌的名称、标识、传播等关键要素。

一、品牌名称

品牌名称要朗朗上口，易于传播。对乡村居民来说，活动名称更要易读易记。一个好的品牌名称，能激发读者的联想，以浓缩的方式体现品牌的文化内涵与个性。不少公共图书馆的活动通过品牌命名向公众传达活动的价值和理念。比如，深圳市盐田区图书馆沙头角分馆的"小橘灯"阅读推广计划、湖南省株洲市茶陵县图书馆的"文化大赶集"、贵州省图书馆的"社区儿童音乐节"、中央广播电视大学及中国图书馆学会的"手牵手——乡村青少年阅读行动"、东莞图书馆的"我讲书中的故事"儿童故事大王等。可见，品牌名称要么易读易记、简单响亮，要么风格独特、个性突出，要么寓意丰富、启发联想。

例如，"小橘灯"阅读推广计划以我国著名文学家冰心的名作《小橘灯》命名，表达的是图书馆人以冰心为榜样、像冰心一样爱读者的一种职业价值追求，同时，做一个点灯的人，把阅读的种子撒向少年儿童，让"小橘灯"温暖每个孩子的童年，成为孩子成长路上的一盏灯。活动以"小橘灯"命名既易读易记，又寓意丰富。

相比之下，类似于"送书下乡""精彩寒假快乐阅读"的活动名称则显得比较普通，不够有特色，这样的命名传递的主要是活动开展的地点或时间信息，很难给读者留下深刻的印象。

二、品牌标识

品牌标识属于品牌形象的识别系统，是品牌形象的核心部分。品牌标识不仅具有便于识别与推广的作用，而且具有造型独特、色彩明快、简洁明了、富有寓意等特点。活动品牌通过形象标识可以让读者记住品牌的主体形象及品牌文化，使读者在看到品牌标识的同时自然地产生联想，从而对活动产生认同。

三、品牌持续性

无论做什么活动，要打造成品牌，持续性都非常重要。对于乡村阅读推广活动来说，要做成品牌，就必须保持一定的频率，投入一定的时间、一定的精力、一定的经费，持续开展、坚持开展。活动只有拥有延续性、持续性，才能形成品牌效应。

四、品牌宣传

图书馆精心打造的品牌形象如何传达给读者？这就需要品牌宣传。品牌宣传是品牌创建中举足轻重的环节。品牌的实质在于知名度。图书馆开展的乡村阅读推广活动再多，如果没有知名度，那么也不会引起太多的关注。因此，进行品牌宣传、提高知名度是品牌建设的关键。

品牌宣传需要利用多种传播手段。比如，贵阳市社区儿童图书音乐节的宣传结合了音乐、COSPLAY（角色扮演）表演等元素，利用了QQ群、博客等方式，使得活动极富时代气息，取得了良好的效果。

随着互联网的发展，在进行品牌宣传时应注意线上与线下相结合，既要利用传统的推广媒介，如海报、横幅、宣传栏、电子屏等进行宣传，又要利用图书馆微博、微信公众号、官方网站、QQ 群等平台进行宣传，更要利用电视、电台报纸等各种媒介加大宣传推介力度。通过宣传，扩大服务品牌的影响力，营造积极的公众舆论氛围，提升活动品牌的知名度，在读者心中树立牢固的品牌形象。

总结来说，以读者需求为基础的品牌化能整合和充分利用各类资源，进一步增强品牌的核心竞争力，提高活动的管理效率，从而使乡村阅读推广活动更加有计划性和持续性。这有助于更好地满足读者的需求，推动活动的成功开展。

第八章　公共图书馆概述及科普阅读推广

第一节　公共图书馆概述

一、公共图书馆的定义

为促进全球范围内公共图书馆的发展，联合国教科文组织（UNESCO）于 1949 年颁布了《公共图书馆宣言》，并于 1972 年、1994 年做了修订。《公共图书馆宣言》对公共图书馆的定义是："公共图书馆是由社区，如地方、地区或国家政府，或者一些其他社区组织支持和资助的机构，它通过提供一系列资源和服务来满足人们对知识、信息和形象思维作品的需求，社区所有成员都有享受其服务的权利，而不受种族、国籍、年龄、性别、宗教信仰、语言、能力、经济和就业状况或教育程度的限制。"

根据 1974 年国际标准化组织颁布的"ISO2789-1974（E）国际图书馆统计标准"，公共图书馆的定义为："那些免费或只收少量费用为一个团体或区域的公众服务的图书馆，它们可以为一般群众服务，或为专门类别的用户如儿童、军人、医院患者、囚犯、工人和雇员等服务。"

根据我国的《公共图书馆服务规范》，公共图书馆是指由政府或社会捐资兴办的向社会公众开放的文献信息资源设施，它具有收集、整理、存储、传播、研究和服务等多种功能，旨在服务公众、促进文化和社会教育。与专业图书馆不同，公共图书馆是针对所有的普通居民，提供图书（包括通俗读物、期刊和参考书籍）、公共信息及教育的场所。

二、公共图书馆的产生与发展

（一）国外公共图书馆的产生与发展

公共图书馆是人类社会文明和图书馆事业发展的产物。其起源可以追溯到欧洲文艺复兴时期，当时欧洲的资本主义兴起为图书馆事业的发展创造了新的机遇。这一时期，图书馆摆脱了封建宗教的文化束缚，从教堂中解放出来，逐渐向社会开放。早期存在一些具有公共性质的图书馆，比如，古罗马的公共图书馆，它对城市的自由民开放。此外，一些贵族、僧侣和新兴资产阶级的私人图书馆也向学者与一部分市民开放。16世纪上半叶，德意志城镇图书馆是为一般市民提供服务的，受到马丁·路德等的倡导。18世纪，英国、美国等国出现了会员制图书馆，这些图书馆可以看作现代公共图书馆的雏形。

真正具有现代意义的公共图书馆是到19世纪中叶以后才开始出现的。17世纪英国资产阶级革命以后，随着工业城市的出现与发展，资本主义的生产需要大量有文化的工人，造纸术的发明和印刷术的完善为社会文献的需求创造了先决的条件，许多国家政府开始承担免费、义务教育的职责。19世纪下半叶，英、美两国率先兴起近代意义的公共图书馆。1833年，美国新南布什尔州的彼得博罗镇建立了一个由地方财政资助、面向全镇居民免费服务的图书馆，可以说是最早的公共图书馆。英国在1850年议会通过世界上第一部《公共图书馆法》，标志着世界图书馆发展进入近代图书馆时期。1852年，英国曼彻斯特和美国波士顿同时建立了公共图书馆，这是根据图书馆法建立的最早的公共图书馆。随后，公共图书馆在西方国家迅速发展。到了1900年，英国已经拥有360所公共图书馆。1848年，美国马萨诸塞州通过了在波士顿市建立公共图书馆的法案，随后各州相继通过了类似的法案，其中，纽约公共图书馆逐渐成为美国最大的公共图书馆。在世界其他地区，公共图书馆的发展多发生在20世纪之后。

图书馆组织的建立和图书馆学教育的兴起也是近代图书馆的重要特征。1876年，美国图书馆协会成立，这是世界上最早的图书馆国家组织；1895年，国际文献联合会（FID）在比利时成立,这是图书馆领域最早的国际组织；1927年,国际图联在英国爱丁堡成立,这是迄今为止图书馆领域影响最大的国际组织。这些组织的建立加强了图书馆之间的合作,促进了图书馆的发展。图书馆学教育源于1887年杜威创建的哥伦比亚大学图书馆学校。20世纪上半叶,图书馆学教育开始遍布五大洲,它的兴起和普及标志着图书馆职业的成熟与繁荣。20世纪中期,UNESCO的成立和计算机技术在图书馆的应用将世界图书馆带入了现代图书馆时期。1954年,美国海军兵器中心图书馆利用IBM—701型计算机建立了世界上第一个计算机情报检索系统,这是图书馆史上划时代的大事。1966年,美国国会图书馆成功地研制MARC（计算机可读目录）磁带,1969年发行；据统计,1979年,全世界共有100多个检索网络,500多个机读型数据库,联网检索已成功地实现了商业化运营。20世纪80年代,图书馆自动化研究成为世界性潮流,发达国家的图书馆自动化集成系统研制成功,电子图书馆成为新的热点。20世纪90年代后,信息高速公路和因特网的出现为图书馆发展提供了全新的网络环境,虚拟图书馆成为时尚,资源共享初见成效,世界图书馆正在朝着一体化的全球信息资源体系发展。

（二）我国公共图书馆的产生与发展

2300年前的殷商甲骨文的批量收藏成为我国古代藏书楼之滥觞,经过了上千年的历史演变,官府藏书、书院藏书、私家藏书相继出现,并存发展。由于中国古代藏书楼主要为皇亲国戚、达官贵人等少数人服务,因此其局限于文献的收藏与整理,具有重藏轻用、以藏为主的特点。1848年鸦片战争之后,富国图强,学习西方的文化、科学技术等各种思潮日渐兴起,沿袭了几千年的封建藏书楼也随之逐渐没落、解体,继之兴起以向社会公众开放为标志的近代图书馆,新型的图书馆相继创立,并喊出了"向公众开放"的口号,真正扩大了读者范围,其功能也由原来以藏为主转为典藏、传递文献并重。1879年,浙江徐树兰仿效西方图书馆章程建立了"古越藏书楼"（今绍兴鲁迅图书馆）,于1904年向社会开放,这是中国第一个具有公共性质的图书馆。同年,湖南省图书馆和湖北省图书馆相继成立,成为我国以"图书馆"命名最早的公共图书馆。1906年,清政府颁布"新政",规定在京师及各省会设立图书馆。1909年，清政府颁布《京师图书馆及各省图书馆通行章程》，促进了公共图书馆的建立和发展。1910年，我国国家图书馆——北京图书馆的前身京师图书馆筹备成立，并于1912年对外开放。此后，江苏、山东、陕西、浙江、河北、福建、辽宁、吉林、无锡、苏州、温州等省市相继成立图书馆，并对外开放。同时，通俗图书馆、阅报处、阅书处大量涌现。1914年，全国共有省级公共图书馆18所。至1918年，全国已有通俗图书馆286所，巡回文库259个，阅书报处1825个。此外，我国民族资产阶级和外国人也开办了许多图书馆。前者如上海商务印书馆的东方图书馆、申报流通图书馆等，这些图书馆虽然有一定的局限性，但它们在促进图书馆为一般群众服务，传播进步书刊和民主思想等方面起到了良好作用。后者如上海徐家汇天主堂藏书楼，这些图书馆中，有的图书馆是为奴化中国人民的思想，为帝国主义的侵略服务；有的图书馆在收集、保存中外书刊资料，促进中外文化交流上也起到了一定作用。至1930年，全国各类型图书馆达到2935所。

在1927年后的国民党统治时期，我国图书馆数量最多的年份是1936年，全国共有图书馆5196所，藏书2600多万册。当时由于国民党的黑暗统治，图书馆事业发展十分缓慢。中国共产党在领导中国人民的革命斗争中，十分重视发挥图书馆的积极作用。早在1920年，毛泽东同志即亲手创办了"文化书社""青年图书馆"等。周恩来同志在留学法国期间也办过留法支部图书馆。李大钊同志任北京大学图书馆主任期间，另建立了一所以专门收集和研究马克思主义书籍为使命的图书馆。1921年"五一"国际劳动节，共产党员应修人等自筹经费办起了"上海通信图书馆"。在其"创立誓言"中提出"没有图书馆以便于群众，则书报仅能流通于掠夺阶级"的进步主张。

1938年，共产党人许德良等在上海又办起"蚂蚁图书馆"，宣传进步书刊，启发读者追求光明。这个时期虽然财政极其困难，但在共产党的直接领导下，还是建立了真正的人民图书馆事业。如在瑞金有中央苏维埃图书馆，在延安有中山图书馆、鲁迅图书馆、绥德子洲图书馆等。随着中国人民解放事业的胜利，广大解放区的图书馆得到了新的发展，对之前的图书馆进行改造，并另建起一批新的图书馆。解放区图书馆的不断发展和壮大，不但为全国解放战争的胜利做出了应有的贡献，而且为全面发展新中国的图书馆事业积累了经验。中国近代图书馆,完成了由私人占有向社会转化,由封闭式的藏书楼向对民众开放的历史性变革。图书馆的藏书不再是为皇家贵人所享用,而是为人民大众提供服务,而且藏与用并重,以用为主,复本多,流通量大,这就是它不同于古代藏书楼的显著特征。另外,中国近代图书馆的萌芽,还有赖于当时大批仁人志士对西方图书馆的学习和借鉴。而促进图书馆发生根本性变化的,还是这一时期在中国共产党领导下的进步人士对图书馆事业的支持和重视。这些图书馆从办馆的宗旨上就带有明确的倾向性和目的性,为无产阶级的解放事业服务,为广大人民群众服务,这也是图书馆的性质与社会职能在近代图书馆史中留下的浓重一笔。

1949年中华人民共和国成立后,图书馆事业进入了崭新的建设和发展阶段,成为广大人民群众当家做主、提高文化科学知识和建设社会主义事业的一个重要标志。中华人民共和国成立50多年来,我国图书馆事业虽然几经曲折,但从总体上来说,仍在不断前进。中华人民共和国成立初期,我国图书馆事业基础非常薄弱。全国仅有各类图书馆391所,总藏书量2689万册,不但数量少,而且发展不平衡,布局不尽合理,多集中在沿海和铁路沿线的大中城市。党和政府为改变这种落后状况,做了极大的努力,采取了一系列有效的措施,进行了整顿和改造工作,在将旧中国的图书馆收归国有的基础上,调整藏书结构,充实马列著作,改革不合理的规章制度,整顿干部队伍,拨正了图书馆事业直接为社会主义建设服务的方向。图书馆服务工作有了很大起色,据公共图书馆1954年的不完全统计,全年共有读者1065万人次,流动图书馆和集体外借单位共1.9万个,出借图书1065万册,编制各种推荐、参考书目953种。

20世纪50年代初到60年代中期,主要的成就是完成了图书馆的所有制改造,初步建立了门类齐全的图书馆体系,建立了全国性中心图书馆委员会和湖北、辽宁等九个地区中心图书馆,将分散在各系统的主要图书馆,以协作和协调方式组织起来,分工采集国外资料,编制联合目录,开展馆际互借,加强了图书馆为科研服务的作用,发展了传统的图书馆技术与管理,促成了《全国图书协调方案》的批准与实施,培养了一批图书馆干部。

党的十一届三中全会将全党工作重心转移到社会主义经济建设上来,国家实行经济体制改革和对外开放政策，给图书馆事业的发展带来勃勃生机；颁布了一系列改进、发展图书馆事业的文件；落实了党的干部政策，调动了图书馆工作人员的积极性，整顿图书馆的各项工作，清理了馆藏，健全了目录体系，完善了规章制度，提高了服务质量。图书馆现代化建设的研究和实践得到加强，如电子计算机技术、静电复印技术、缩微复制技术在图书馆中的应用等。此外，我国图书馆界与国外同行的交往日益增多，扩大了国际上的影响力。

20世纪80年代初，开放的中国图书馆界启动了现代化工程，这可以视作现代图书馆的发端。20世纪70年代末，中国图书馆学会成立（1979年）和中国科学院宣布在全院实行图书情报一体化体制。前者为我国重返国际图联铺平了道路，后者则提供了一种适合现代图书馆的新体制。1980年，北京图书馆、中国科学院图书馆、北京大学图书馆、清华大学图书馆、中国人民大学图书馆和中国图书进出口公司共同成立"北京地区研究试验西文图书机读目录协作组"，并于1981年研制成功利用机读编目格式磁带编制西文图、书目录的模拟系统，这一事件有力地推动了我国图书馆自动化进程，是我国图书馆进入现代图书馆时期的标志。整个80年代，图书馆自动化研究蔚然成风，引进和开发并举，1991年通过鉴定的图书馆自动化集成系统（ILAS，深圳图书馆等单位研制）就是我国自行开发的代表成果之一。20世纪90年代，我国图书馆又开始了网络化研究和试验，北京"中关村地区教育科研示范网"是其中的重头戏。1996年，我国成功地组织国际图联1996年会；与此同时，许多图书馆进入了因特网并建立了自己的主页，图书馆国际合作已初具雏形。这些事实说明，我国图书馆已在现代化的道路上迈出了坚实的一步。计算机技术、光学技术、声像技术、缩微技术等现代信息技术的应用，使图书馆的藏书结构、服务方式、服务手段发生改变。截至2011年底，全国共有公共图书馆2884所，从业人员53646人。

（三）公共图书馆的变革

迈入 21 世纪，公共图书馆迎来了一个发展的新时期。这为公共图书馆的发展创造了前所未有的新机会，公共图书馆进入了一个巨大的变革阶段。

1.文献载体的变化

图书馆是由多个要素组成的，包括文献、读者、馆员、技术手段、建筑设备等。近年来，公共图书馆的这些要素发生了各种程度的变化。其中，最显著的变化之一是文献形式的转变，从传统的印刷文献逐渐向光电、缩微和数字化方向发展。磁盘、光盘以及大容量存储设备的广泛使用使图书馆的文献信息量大幅增加，电子计算机在文献利用中的作用也不断加强，逐渐引导读者适应和使用电子出版物进行阅读与检索。然而，与这一发展不相适应的是，一些图书馆的建筑空间相对狭小，影响了藏书容量。幸运的是，数字文献的出现有助于解决长期以来困扰图书馆的文献容量问题。

此外，随着大多数读者文化水平的提高，他们的文献需求也从简单的纸质文献需求转变为更全面、多层次的需求。检索文献的时间也由过去的等待变得更加简便和迅速，电子文献传递的便利性有助于满足读者的需求。图书馆的信息化和网络化发展已经显著改善了文献服务。这些变化不仅引导了图书馆的工作重心转移，还推动了图书馆的变革。

2.服务技术的变化

现代信息技术，尤其是计算机技术、多媒体技术和信息"高速公路"的迅速发展，对图书馆的运作方式和服务领域产生了深远的影响。图书馆管理技术软件的广泛应用使图书馆的服务领域扩展到了资源采集分类与编目、数据库建设、资源整合传递、信息处理与存储、信息检索与挖掘、数字图书馆互动操作、版权管理技术、虚拟参考技术、个性化服务、图书馆应用系统设计与分析、多媒体检索系统、跨平台检索系统、云技术等多个方面。这些技术拓展了图书馆服务的范围，提升了其社会功能。

传统的手工检索方式已被计算机检索所取代，问询式服务逐渐演变为网络服务，而传统的纸质文献借阅方式也逐渐向电子文献借阅过渡。以往以印刷载体为主的图书馆正经历着向电子化和网络化的复合图书馆的转变，后者将数字图书馆与传统图书馆相结合，已成为不可避免的选择。

3.网络文献的便捷获取

互联网的快速发展在中国持续推动了互联网产业的稳健增长。互联网信息传递的高速化连接了不同单位、行业、地区和国家，极大提高了信息传递的速度。文字、符号、图像、声音等各种形式的信息都可以以数字方式在网络上传播，从而加速了信息的传递。

大量的免费在线资源为广大读者提供了便捷的服务，减弱了他们对图书馆的依赖。一份报告《对图书馆与信息资源的认知：针对OCLC成员的研究》指出，84%的用户通过搜索引擎开始他们的信息检索，而只有1%的用户首先从图书馆网站进行信息检索。这表明信息的质量和数量是决定信息检索满意度的关键因素，同时，用户对搜索引擎的评价高于对图书馆馆员的评价。

作为信息收集、处理、传递和服务的专业机构，图书馆的管理理念、内容、工作方式、服务对象和服务范围等方面都经历了深刻的变革。全球范围内的网络化和信息化使得人们可以坐在家中就能充分利用图书馆资源，这已不再是以前的神话。

4.国内外数字信息机构的冲击

随着现代信息技术的日益成熟，互联网的迅速普及，国内外信息产业机构迅速崛起。国内的同方知网、北大方正等一系列大型公司均形成了规模经济。这些机构在信息服务领域占有很大的优势，对图书馆造成了不同程度的冲击。与此同时，谷歌从2004年开始实施"数字图书馆计划"，第一批扫描的图书包括斯坦福大学、哈佛大学、牛津大学、密歇根大学、纽约图书馆的1000多万本书。2006年，谷歌宣布与加州大学图书馆、威斯康星大学图书馆合作，继续扩展与图书馆界的合作。美国互联网和软件产业巨头雅虎与亚马逊在线随后也宣布了各自的数字图书馆计划。与此同时，不甘心被私有公司占先的法国也开始加入了创建公共数字图书馆的大潮流。到2006年，数字图书馆计划规模进一步扩大，从大公司到互联网组织，从搜索引擎到亚马逊在线书店等都开展了图书扫描计划。目前，谷歌公司正在涉足图书馆的服务领域，而且以免费的方式出现，与世界上很多国家的图书馆都签订了合作协议。这将挑战国家对图书馆的定位，也将会长期影响国家对图书馆的投资。图书馆与搜索引擎公司的合作将从许多方面影响我国公共图书馆的发展。

三、公共图书馆的发展趋势

2011年，公共图书馆全面免费开放，这进一步提高了人们对图书馆的期望。如何有效地提供多样化的服务，满足不同需求，成为图书馆面临的一项重要挑战。

（一）图书馆馆舍的智能化

未来的公共图书馆建筑将具备高度的灵活性、灵敏性和智能性。它们的内部设计将能根据需要自由伸缩，以适应不同的空间需求。全面覆盖的电子通信网络将使数据的采集、处理和传输更加高效。计算机控制的管理系统将能自动调整光线、温度、通风、电力等各项变量，以提供更舒适的环境。此外，传感器分布在整个图书馆内，能实时监测馆内员工的工作情况、读者人数，以及各入口的安全状态等信息。

（二）图书馆收藏的广泛化

传统图书馆的馆藏主要以书刊等印刷型资料为主，但随着科技的进步，新型载体如缩微资料、视听资料、机读资料、光盘资料等不断涌现，加之电子出版物的大量问世以及光盘镜像服务的广泛使用，图书馆的馆藏资源逐渐多样化，印刷品不再占主导地位，非书出版物在馆藏中的比例逐渐提高。图书馆的馆藏资源呈现出电子化、虚拟化和特色化的趋势。与此同时，各图书馆都重视发展具有特色的馆藏，因为馆藏特色是图书馆发展的重要方向。

（三）图书馆资源的多元化、数字化及馆藏利用的自动化、远程化、即时化

随着信息技术的发展，非印刷型文献对图书馆的影响日益加强。网络的发展，使电子文献的使用效率得到提高，资源得到共享。但电子文献的出现和增长势头并未阻止印刷型文献的持续增长，电子文献与纸质印刷型文献具

有很强的兼容性和互补性。21世纪，大部分图书馆的电子文献将与纸质印刷型文献长期共存，共同造福于用户。

随着"中国试验型数字图书馆"科研项目的启动，国家图书馆正在以每年3000万页的速度进行馆藏文献的数字化工作。同时，一些条件较好的大中型图书馆也纷纷开始进行馆藏文献的数字化。这一数字化、网络化和自动化的趋势将大大提高读者在图书馆中获取信息资源的效率。电子化图书馆将在21世纪实现无墙图书馆的愿景，使读者可以在网络环境下足不出户，随时获取最新的信息。

（四）图书馆机构的功能化、管理的人文化

未来的图书馆将调整内部机构，从以文献加工流程为基础转向以服务功能为核心。除了现有的采访、编目、典藏、流通等机构外，还将新增特色阅览室、信息部、技术部、公关部等机构。管理思想也将从对书刊、设备、馆舍的管理向更加注重读者和馆员的管理转变。图书馆的管理体制将成为图书馆改革与发展的关键因素，也是我国当前图书馆改革成效的重要标志。

（五）图书馆馆员素质的学者化、专业化、复合化

现代化图书馆要求馆员不仅具备图书馆学、情报学、目录学、文献学等传统知识领域的知识，还具备计算机技术、通信技术、网络知识以及数据库等现代技术领域的知识。在当前新形势下，图书馆的各项工作，包括采购、分类、编目、流通、咨询、辅导等，逐渐演变为具备网络管理、网络导航、网络咨询、网络信息采集和分析研究等功能的工作。这就要求图书馆的工作人员不仅需要拥有高水平的管理能力，还需要具备信息专家或信息工程师的技术素养，他们需要成为信息系统的建设者，具备多重技能的复合型专业人才。

（六）图书馆用户需求的社会化、多元化

在网络环境下，每个团体或个人都有可能成为图书馆的用户，这将显著扩展图书馆的服务对象范围。虚拟化图书馆将消除地域和行业的界限，不再

存在公共图书馆和高校图书馆的划分，而是面向整个社会的读者提供服务。此外，新兴学科和边缘学科的快速发展将使图书馆的读者群体不再局限于某一专业或学科的专家与学者，而会涵盖更广泛的社会自然人群体。这一趋势将使图书馆的服务更加多样化和普及化。

（七）图书馆服务手段的自动化、便捷化以及服务内容的深层化、智能化

在传统图书馆中，文献信息检索主要依赖手工操作，使用卡片式、书本式的目录、索引和文摘等工具进行检索。然而，在网络环境下，出现了各种便捷的文献信息检索工具，极大地拓展了检索途径，扩大了检索范围，提高了检索成功率，缩短了用户与所需信息资源之间的距离，最大限度地实现了信息资源的价值。现代化图书馆，无论是印刷出版物还是电子出版物，都越来越趋向自动化和便捷化。自动化管理系统软件已经推动图书馆迈向自动化和智能化的新时代。各种信息服务和网络服务将逐渐替代传统的文献服务。这些服务包括传统服务功能和在新信息环境下拓展的新服务功能。图书馆将继续提供传统的文献服务、导读服务和专业检索服务，同时，还将开发和建设图书馆网站，提供在线导航服务。图书馆不仅会保持实体馆藏的服务，还会积极拓展在线信息传播空间。根据用户的文献信息需求，图书馆将采用多种方式和技术提供深化与丰富的信息服务。信息服务将从简单提供文献单元的浅层服务，转向提供文献单元、信息单元、事实和数据、动态信息、综述信息等多元化、深层次、快速便捷的服务体系。图书馆的服务将不再局限于本单位和本系统，而将实现信息服务的社会化。特色鲜明的专题数据库将成为现代图书馆的显著特点；各种数据的镜像服务将成为 21 世纪图书馆的主要服务内容；远程教育、电视会议也将利用图书馆的设备和资源优势，成为图书馆未来的服务之一；电子邮件、文件传递、信息查询、科技查新将成为图书馆日常工作的一部分，多功能的服务手段和服务内容将成为图书馆的主要业务。

（八）图书馆评价效益化

评价工作的目的是推动公共图书馆积极贯彻文化方针和政策，明确办馆指导思想，改善办馆条件，加强业务基础建设，强化管理，深化服务，全面提高办馆质量和效益。评价也扮演着检验各地政府对公共图书馆事业的支持和重视程度的角色。

传统的图书馆评价主要关注馆舍面积、藏书数量、阅览座位等物质指标，而未来的图书馆评价将更加注重以下方面的指标。

1.信息资源的数量和质量

未来的图书馆评价将关注图书馆提供的数字化信息资源的数量和质量，确保读者能获取高质量的信息内容。

2.服务的功能和效果

未来的图书馆评价将考察图书馆的服务功能，包括读者培训、参考咨询、数字化服务等，以及服务的实际效果，例如，读者满意度、借阅率、使用率等，以保证服务的高效性和实用性。

3.社区需求的满足度

未来的图书馆评价将关注图书馆是否满足了社区居民的文化和信息需求，以确保图书馆服务与社区需求相匹配。

4.创新和发展

未来的图书馆评价将考察图书馆是否积极推动创新，采用新技术和新方法提高服务水平，以适应快速变化的信息环境。

5.资源的可持续性

未来的图书馆评价还将考虑图书馆的资源管理和可持续性，包括财政支持、人才培养等，以确保图书馆的长期发展和稳定运行。

综上所述，未来的图书馆评价将更加注重质量、效果和社区需求的满足，以推动公共图书馆不断提高服务水平，适应信息时代的挑战。

（九）图书馆办馆模式的一体化、网络化、国际化

在网络环境中，图书馆将与其他行业结为服务联盟，成为有机的整体。

图书馆服务的网络化趋势表现在两个方面：一是图书馆间的合作，从最传统的馆际互借到现代的联合咨询网之间的网络文献传递；二是跨行业跨地区不同图书馆之间服务的网络合作。那时的信息交流将打破地域限制。

如前所述，公共图书馆不再以馆藏数量的多少来衡量其存在的价值，而是以获取信息的知识、技术含量，深层次、全方位的知识服务，复合型的服务人员，先进的服务手段，网络化、国际化服务联盟等来衡量其存在的必要。

第二节 公共图书馆的职能

公共图书馆的职能是指公共图书馆具有的作用和功能。在图书馆的历史发展过程中，图书馆的职能随着社会及图书馆自身发展规律的变化而变化。公共图书馆的职能主要可归纳为两大类，即基本职能和社会职能。

一、公共图书馆的基本职能

公共图书馆的基本职能是指其在不同时期和不同国家具有的一系列职责，这些职责贯穿于图书馆的整个发展历程中，既不受技术、服务手段等方面变化的影响，也不会随着社会的演进而改变。这些基本职能主要包括以下三个方面。

1.资源收集和整理

公共图书馆负责收集、筛选和积累知识与信息的实体载体，以构建丰富的馆藏。

2.信息加工和管理

公共图书馆对获取的知识与信息进行处理、整理、储存、管理和转化，以确保读者能方便地访问和利用这些资源。

3.知识传递和服务提供

公共图书馆扮演着知识和信息的传递者角色，将这些资源提供给读者，以满足他们的需求和促进教育、学习和文化活动。

公共图书馆的三项基本职能是由它的本质属性决定的，任何图书馆都必须具有这三项基本职能，即收集、管理、提供使用，只有通过三项基本职能，才能保证图书馆动态的平衡，才能与外界进行正常的物质、能量、信息的交流，同时，维持图书馆的生存和发展。

二、公共图书馆的社会职能

公共图书馆的社会职能是建立在其基本职能之上的，是基本职能在特定社会背景下的具体表现形式。这些社会职能受到社会因素的影响，是社会对图书馆赋予的期望和要求，随着社会的演变而不断变化和扩展。古代图书馆时期，图书馆的社会职能主要是保存人类文化遗产；近代图书馆时期，大机器工业的兴起，要求与之相适应的全民文化水平的提高和教育的普及，图书馆担负起社会教育的职能；到了现代，科学技术的迅速发展，使人们对知识、信息的需求越来越迫切，图书馆又被赋予了开发智力资源、传递科学信息的职能。总之，图书馆有的社会职能在消失，有的社会职能在扩大，而更多新的职能在不断出现。公共图书馆的社会职能具体有以下几个方面。

（一）保存人类文化遗产

图书馆是人类文明的珍贵存储器，承载着丰富的知识和智慧。自其诞生以来，图书馆一直肩负着保存人类文化遗产的使命，在社会体系中具备独特而不可替代的地位和作用。文献是人类思想的历史见证，是跨越时空的宝贵财富。正因为图书馆广泛而全面地收集和管理各种图书与文献资源，才能确保人类创造的科学、历史文化、知识等宝贵财富得以代代相传，并广泛传播和分享。图书馆不仅是知识的宝库，还是知识的传承者和传播者，为人类社会的进步和发展做出了重要贡献。

随着时间的推移，图书馆在不断发展的过程中，保存对象的形式、保存手段和保存目的都经历了重大变革与更新。从最初保存龟甲兽骨和纸草泥版，到近代保存印刷书籍，再到现代保存磁盘、光盘、磁带、胶片、缩微胶片等数字化媒介，人类社会每次的进步都增加了图书馆保存文化遗产的多样性。图书馆的使命不再仅仅是收藏，而是在数字化和电子化的时代更好地保护文化遗产。传统的馆藏藏书已经迈向数字化、电子化，以确保文化财富的长期保护和更广泛的利用。图书馆不仅仅是文化遗产的存储库，也是其传承者和传播者，通过提供广泛的访问和利用，使人类文化财富得到更广泛的传播和分享。在现代知识经济发展阶段，图书馆必须充分利用现代科技手段对这些文化宝藏进行分类、保存和利用，以更好地为当代和未来的人类服务。这一使命使得图书馆在人类社会和科技发展史上拥有不可磨灭的伟大贡献。

（二）开展社会教育

公共图书馆历来就是一种重要的教育机构，古代的皇家图书馆和有名的图书馆，不仅是藏书万卷的场所，还是培养封建吏才的地方。在近代的图书馆事业史上，有一批集图书馆人与教育家于一身之人，如康有为、梁启超、胡适、鲁迅等，他们既是教育家，又都曾是图书馆人。从老子到康有为、梁启超，这绝非一种历史的巧合，而是有其内在依据的。现代的图书馆被称为"没有围墙的学校"，著名教育家蔡元培说过，"教育不专在学校，学校之外，还有许多机关，第一是图书馆"。

公共图书馆作为社会文化教育机构，承担着重要的社会教育职能，包括以下四个方面。

1.传播科学文化知识

公共图书馆收藏了广泛的图书文献，满足各类读者的需求，从科普读物到学术专著，为各种学历和文化程度的人提供了知识资源。图书馆的教育不受时间、空间、年龄等限制，成为普及和提高科学文化水平的重要机构。

2.读者终身学习的场所

公共图书馆为人们提供了终身学习的机会，不受年龄限制，类似一所开放的社会大学。它起源于古代，但在现代得到了更充分的发展，满足了知识不断更新的需求。

3.提升国民素质和文化创新

公共图书馆通过信息素养教育启发用户的智力，激发思维，培养科学思维能力，使用户具备终身学习的能力。在知识经济时代，不断学习和更新知识是跟上时代的必要条件。

4.培养公民信息素质

公共图书馆在培养公民信息素质方面具有特殊作用，成为国民教育体系的一部分。它教育用户了解信息资源的价值，学会表达信息需求，善于利用信息资源,成为信息素养的教育者。

数字图书馆的出现加强了这些职能的实现,通过网络支持打破了时间和空间的限制,为全民提供了共享和进步的教育环境,对国民素质的提升起到了巨大的作用。

(三)均等传递信息服务

在当今社会,科学技术迅猛发展,记载科学技术的文献数量也急剧增长,文献的收集、整理单靠个人分散孤立地进行,不仅花费大量的时间和精力,而且已远远满足不了实际需要。因此,需要有专职人员、专门机构从事科学文献的收集、加工、整理、检索和传递工作。作为文献主要收藏单位的图书馆,不仅具有信息的物质基础——各种文献,而且具有传递信息的方法,传递科学信息,是现代图书馆的重要职能,国家要发展就要加强科学研究。而科学研究具有明显的继承性、连续性和创新性,这就要求迅速地进行科学交流和收集、掌握文献中的信息,以避免重复劳动,少走弯路,从而在已经取得研究成果的基础上,进行创造性的科学研究。现代通信技术和计算机技术在图书馆中的应用,极大地提高了现代图书馆传递信息的效率,从而使图书馆传递信息的职能得到更好的发挥,成为现代社会信息的中心。

随着现代信息技术的不断进步,公共图书馆正朝着自动化、网络化和数字化的方向迅速发展。它不再仅仅局限于收藏纸质图书、报纸和期刊等传统媒体,而是更加强调成为信息的中心和加工基地。这意味着公共图书馆应该以信息为核心单位,而不仅仅是书籍。因此,一个省级公共图书馆的评价标准不仅包括馆藏数量和建筑规模,还包括其获取、加工和提供信息的能力。

在网络时代,公共图书馆拥有丰富的信息资源和便捷的检索方式,建立了自己的网站,通过因特网为各单位和家庭提供服务。为满足不同用户的需求,提供全面而灵活的网络连接方式,让用户轻松进行各种资源库的快速检索,使他们能方便地、远程访问在线资源,最大限度地利用文化和经济信息资源。公共图书馆不仅在内部建设了良好的通信网络设施以确保数据流畅,还具备足够的对外通信设备和能力,以使读者方便且及时地获取各地的信息和各种数据库中的最新资料。

公共图书馆关注个人信息需求，免费提供与日常生活、工作、学习等相关的信息，包括当地生活基本信息（就业、消费、法律、医疗等），当地政府机构、企业、科教文卫机构及其人员信息，地方志等。通过信息服务，扩大省级图书馆的影响力。具体而言，首先，它传递馆藏各种目录、题录等检索工具，及时向读者公布最新馆藏文献信息，将采集到的图书、期刊、光盘、数据库等文献信息以最快速度传递给读者，使他们能迅速获取相关馆藏文献信息。借助信息网络技术，图书馆以其高效、快速、广泛、便捷的服务形式正在实现这一目标，并且随着知识技术的发展，图书馆可以进一步深入挖掘和整合信息，提升信息服务为知识服务。为了使公民能快速获得和利用最新的文化科技成果，必然需要媒体能快速、高效、准确地传递所需的文化信息。其次，公共图书馆提供信息素养教育，帮助公众获取或提高计算机使用能力和网络技能，提高信息检索、信息评价和信息利用等技能，包括数据库使用技能等。某些省级图书馆还提供免费上网和查找资料的场所，以在一定程度上减少数字鸿沟的影响。

（四）开发智力资源

智力通常称为"智慧"，也叫作"智能"，它是人认识客观事物并运用知识解决实际问题的能力。公共图书馆开发智力资源的职能表现在两个方面。首先，它要开发信息资源，图书馆收藏的图书文献蕴含了丰富的信息和知识，这些需要通过现代技术手段建立完整的检索系统来开发。只有将图书馆的智力资源充分揭示出来，为每条信息找到使用者，为每个需要者提供准确、及时的科学信息，才能实现智力资源的充分开发和利用，创造出新的物质财富和精神财富。其次，图书馆要开发人力资源，不仅要利用已积累的智力资源，还要挖掘人们潜在的智力潜能。这种人力资源的开发与图书馆的教育智能密切相关。图书馆通过教育读者学习方法和阅读方法，以及信息检索、开发和利用等方面的知识，提高他们的信息开发和利用能力。此外，丰富的馆藏文献还可以用于组织各种学术交流会、专题报告会、读者信息检索培训等活动，扩展读者的知识面，培养他们的各种能力，这都是图书馆开发智力资源的一种体现。

（五）文化休闲娱乐

进入 21 世纪，公共图书馆已经发展为地区文化中心，其职能不仅限于文献服务，还扩展到提供重要的公共文化和娱乐服务。现代社会充满竞争，生活节奏快速，人们需要应对各种压力，因此，图书馆在文化娱乐领域的作用越发重要。图书馆文化娱乐职能应致力于将其打造成人们文化休闲、享受、娱乐、交流、学术探讨、情感陶冶、精神建设的重要场所，着重营造浓厚的文化氛围，使其成为公共文化展示、传递和交流的空间。数字图书馆的兴起为建设公共文化空间提供了更好的环境。因此，许多图书馆都在不同程度上举办社会文化活动，逐渐成为城市或社区公共生活的重要组成部分。这些活动中的一些已经取得了显著的社会影响，成为现代都市文化的瑰宝，例如，国家图书馆的"国图讲座"、上海图书馆的"上图讲座"、苏州图书馆的"公益讲座"等。

公共图书馆不仅承担文化娱乐的使命，还应满足社会对文化休闲的需求，为人们的文化生活提供多样性和活跃性。现代社会休闲时间的增加已经成为社会发展的趋势，也是文明进步和生活质量提高的体现。公共图书馆除了提供阅览服务外，还可以设立展览厅、演讲厅、小剧场、学术活动厅等文化设施，开展各种活动，如英语沙龙、音乐欣赏、美术绘画、棋艺研习等。此外，可以设立视听室，播放有益的录像、录音、幻灯片、影片等视听资料；还可以设立电子阅览室和网络咖啡厅，供人们上网、游戏或聊天。公共图书馆还可以提供体育活动场地和健身房，设立各种培训中心，甚至举办各种艺术表演展示地方文化，提高社区居民的审美意识。将休闲娱乐与日常生活和文化教育相结合，将公共图书馆打造成一个多元化、宜人的休闲娱乐场所和社区活动中心，有助于促进当地文化产业的发展，丰富人们的文化生活，提高人民的文化素养，培养高尚的生活品位。

（六）倡导社会阅读

公共图书馆是阅读的推动者，是阅读文化环境的建设者。随着图书馆服务领域的不断扩展，举办多样化的活动，丰富人民群众的文化生活已经成为图书馆义不容辞的职责。图书馆不仅为应用型服务对象提供信息,为学习型读者提供终身教育,还为寻求娱乐和休闲的文化爱好者提供丰富的文化娱乐体验。通过各级图书馆中的文艺、体育、娱乐方面的图书和期刊,吸引广大城镇职工和乡村居民参与学习及阅读富有益处的书刊,进而改变他们的观念,促进社会风气的改良。

公共图书馆是培养公众阅读习惯和阅读能力的主力军,尤其是对青少年阅读指导。如向儿童宣传和提供适龄图书,组织学生阅读活动,组织阅读俱乐部开展社会阅读节等活动;提供儿童阅读方法技能指导,提供教师或家长对儿童阅读相关资料的引导;组织书评、作者见面会等活动,宣传推荐书目等,引导阅读方向。

(七)文化传播服务

图书馆在其发展过程中,通过与各种文化来源的交流和融合,逐渐形成了独具特色的图书馆文化。通过馆藏文献的传播,图书馆能消除时空限制,将人类几千年来积累的经验、知识和研究成果进行广泛传播与交流,为科研人员的创新工作提供了必要的前提条件。因此,图书馆扮演了文化交流和信息传递的重要角色。它通过馆藏文献的收集和传播,促进了学科内部和学科之间的交流,为跨学科研究和知识转移创造了有利条件;同时,通过传播馆藏文献,有助于构建新的、有用的知识体系,为科学创新提供了数据支持,促进了社会科学和自然科学的进步。这些都是图书馆文化在知识传播和学术研究中的重要作用。

公共图书馆通过有序的资源管理,包括资源的加工、整理和传播等活动,具备显著的文化传播优势。第一,公共图书馆积累了深厚的文化底蕴和丰富的馆藏资源,这在其他文化传播机构中是无法比拟的。第二,公共图书馆已经建立了有效的标准化资源管理机制,合理配置和利用图书资源,以便广泛传播文化和信息。第三,公共图书馆充分利用各种设施和人力资源,能以多种方式传播多种形式的文化信息,为文化传播和交流提供了有利条件。第四,公共图书馆拥有广泛的读者群体,他们的到馆和在线访问次数众多,这反映出图书馆的读者群体庞大。通过图书馆的传播作用,文化知识得到普及,社会进步也因此推动。这正是图书馆社会职能的体现。此外，随着各种新的文化现象不断涌现，图书馆也积极传播这些社会中的"即时文化"现象。例如，对于重新整理和挖掘的民间艺术、各领域学科的最新发展、文化创意成果以及商业社会中不同的价值观等文化现象，图书馆能充分发挥自身的文化优势，通过举办展览、演讲会等方式来关注和传播。

（八）服务地方文化

公共图书馆是地方文化机构的一部分，其主要任务包括收集、保存和整理各类文献，尤其是关于地方历史和地方特色的文献资源。它建立了共享的特色数据库，以增进公众对文化遗产的认知，帮助人们更好地了解自身的文化遗产以及其他文化。此外，公共图书馆还提供与时事话题相关的图书和多媒体资料，举办各种文化展览和与用户兴趣相关的活动，如作家讲座和读者见面会等，以促进文化交流、理解和先进文化的传播。这有助于营造积极向上的文化氛围，支持地方文化的发展。

三、地市级公共图书馆的职能

（一）公民终身教育机构

公共图书馆自诞生以来一直具备着教育的职能，以实现终身教育为基本宗旨。作为社会教育机构，地市级公共图书馆的责任不仅在于为公民提供正规教育服务，还在于为个人和社会群体的终身教育提供必要的支持与条件。人们需要不断获得新知识或者更新已有的知识体系，以适应社会发展的需求，而这种需求在城市居民中尤为迫切。在社区图书馆网络不够发达的情况下，地市级公共图书馆必须竭尽所能满足大众的需求，提供学习场所、参考资料，举办各类专题讲座和知识技能培训；在具备条件的情况下，还应该提供正式的教育服务。

（二）城市信息服务中心

随着公共图书馆理念的演进，"保障公民信息权利"已经成为地市级公共图书馆不可或缺的使命。因此，地市级公共图书馆应将复杂多样的信息进行收集、整理和传播视为一项重要任务，旨在为公众提供与他们的学习、工作、生活和娱乐等各方面相关的信息。这样，市民将能在不受外部因素，如环境、身份、地理位置、经济状况等的制约下，自由地从图书馆获取所需信息，实现社会信息的更大公平性。当信息服务范围涵盖天气预报、列车时刻、就业信息等与人们生活密切相关的内容时，地市级公共图书馆在市民心目中的地位自然会有质的提升。

（三）地区特色文献中心

每个地区都拥有独特的地理特征、历史传统以及经济社会状况，因此，地市级公共图书馆有责任记录和保护本地区的特色。为实现这一目标，地市级公共图书馆需要采取多种措施。首先，它们应加强对本地区特色文献的收集、整理和开发，以建立特色鲜明的文献资源库。其次，它们可以充分利用现代技术和设备，如计算机和网络，向读者提供本地特色文献资源的查阅和咨询服务。例如，我国正在积极推进非物质文化遗产的保护工作，而各地都有自己独特的非物质文化遗产需要保护和传承。因此，地市级公共图书馆可以通过记录、整理和宣传这些本地非物质文化遗产，为当地文化的传承和发展做出贡献。

（四）公众文化休闲中心

地市级公共图书馆不仅要提供文献信息服务，还应积极创造健康愉悦的文化休闲环境，为读者提供各种相关服务。这包括举办保健知识讲座、特别主题展览、文化沙龙、知识竞赛、音乐和体育活动等。此外，地市级图书馆还应提供相应的场地和设施，以促使市民养成健康的休闲生活习惯，引领社会良好风尚，丰富人们的文化生活。这些举措有助于促进社会的和谐发展，为构建更加和谐的社会环境做出独特的贡献。

（五）阅读指导服务中心

地市级公共图书馆应当同时充当学习场所和提供阅读学习指导服务的机构。为实现这一目标，图书馆可以采取多种措施，包括提供专业咨询服务、组织主题座谈、促进馆员与读者的交流、提供阅读辅导服务，并举办各类读书活动。尤其需要关注对青少年读者的阅读指导，帮助他们养成良好的阅读习惯，并在学校中建立合作关系，成为学生阅读辅导的重要支持。这些措施将有助于提高人们的阅读素养，促进知识的传播和分享。

（六）地区中心图书馆

地市级公共图书馆不仅为本地公众提供文献资源借阅和咨询服务，组织读者活动，还承担了其他重要职能，如地区公共图书馆服务网络的组织和协调，图书馆资源的采购、整理和配送体系的建设，资源共享和服务援助的实施、业务指导、人员培训等。虽然受到行政管理体制改革的影响，这些功能可能会逐步减弱，但在较长时期内仍将保持。这是因为地市级图书馆在地区公共图书馆服务体系建设中扮演着重要角色，同时，也对乡村图书馆服务体系建设具有辅导和促进作用。此外，面对数量众多的县级图书馆、乡镇图书馆，省级图书馆难以完全取代地市级图书馆，地市级图书馆在提供指导和服务方面仍然具有重要地位。

四、县（区）级公共图书馆的职能

（一）公共文化服务体系与县级公共图书馆的联系

县级公共图书馆是我国公共图书馆的最基层服务机构，在公共文化服务体系建设过程中，县级公共图书馆是各级政府主办的公益性文化服务机构，是政府文化职能的基本实现部门，是乡村居民共享社会精神文明成果、享受公共文化权利的直接窗口，其准确、合理的定位是整个图书馆事业发展的重要一环。

（二）在公共文化服务过程中起着承上启下的作用

一方面，县级公共图书馆作为直接面向基层服务的文化部门，是公共文化服务体系中重要的服务部门，也是文化惠民政策的执行者。另一方面，政策的实施为图书馆发展带来了大量的资源与发展的新契机，使其成为各项文化政策的受益者。为解决困扰县级图书馆发展的经费问题、馆舍问题、服务网点问题以及人员问题提供了保障。

（三）服务对象多、分布地域广、经费来源广

对县级图书馆个体来说，虽然其规模较小、服务能力有限、读者层次较为单一，但若将其置于整个公共图书馆系统来讲，则县级公共图书馆的服务对象是县级城市居民并延伸及其周边乡村地区，资金来源有政府投资、基金会投资、企业投资及居民捐助等方式，因此具有服务对象多、分布局域广、经费来源广等特点，成为我国整个公共图书馆系统中不可缺少的组成部分。随着各种扶植政策的出台，县级公共图书馆在公共文化服务体系中的地位与作用，可以从县级图书馆覆盖基层等优势体现出来。县级公共图书馆作为公共图书馆服务体系的一部分，虽然处于县级城市，但其数量最多。县级公共图书馆基于地域的分布特点，使其与广大的县级城市居民及周边的乡村居民直接发生联系，满足人们学习、生活、娱乐的基本需要，是最易达到全民的公共图书馆的一种服务模式。

（四）服务弱势群体

县级公共图书馆的服务对象主要是生活在县级城市的民众以及所在地域的乡村用户，包括广大偏远贫困地区的乡村群众，经济相对落后，信息交流渠道少，存在广大的经济和信息获取上的弱势群体，县级公共图书馆对帮助当地民众获取知识摆脱贫穷具有重要作用。

第三节 科普的概念与意义

科学技术是第一生产力,是经济和社会发展的首要推动力量。它强大的程度一方面取决于科学技术自身的发展水平及其应用,另一方面取决于被人们理解和接受的程度。科学普及可以有效而广泛地提升人们理解、接受及掌握新知识、新技术、新思维的程度,因此科学普及有着广泛的认知与接受基础。

一、科普的概念

(一)概念释义

科学普及又称"大众科学或者普及科学",也可简称为"科普"。科学普及是一种活动,旨在以易于理解和接受的方式,通过各种传播媒介和手段,向大众介绍自然科学知识、推广科学技术应用、倡导科学方法、传播科学思想、弘扬科学精神。其本质在于促使公众理解、接受和运用科学意识、知识与方法,是一种社会教育活动。

人们已经越来越多地认识到,我国的科学普及不仅应该普及科学知识,而且应该增强科学精神等方面的内容。其中,李大光在1989年将"公众理解科学"的概念引入中国,并逐渐引起注意和讨论。李大光认为:"现代科普是目前西方国家和部分发展中国家所采用的完整的提高公众科学素养的模式,其特点是:①注重公众科学素养调查和了解,注重公众对科学信息的需求愿望;②将科学知识传播置于完整的公众科学素养的提高工作中,科普是促进公众科学素养的一个不可分的重要组成部分;③形成上下的互动规律,既注重公众对科学的理解,也注重公众对科学的了解和跟踪过程;④传播知识过程注重市场规律,知识信息以公众的需求为主;⑤遗漏信息较少。这是一种精细完整的公众理解科学的模式,是发展方向。"同时,还出现了对科学传播理论的探讨和研究。对于科学传播理论有不同的观点论述和观点分支,这里所说的科学传播,笔者把它看作科学普及的一个新形态,是公众理解科学层面的扩展和深化。科学传播与科普有三个主要区别。首先,科普是单向的,由科学家向公众传递科学知识;而科学传播是双向的,涉及科学共同体和公众之间的互动。其次,科普的主要目标是为科学共同体提供服务,而科学传播的目标是为公众文化建设服务。最后,科普侧重科学和文学的结合,因为文学可以帮助受众更好地理解科学内容;而科学传播更注重科学史和科学哲学,旨在将科学与人文领域融合在一起。

我国科学普及经历了科学普及、公众理解科学和科学传播三个阶段,这一进程既体现出我国普及事业的广义化过程,也折射了我国科学传播事业全面化、系统化的过程。从《中华人民共和国科学技术普及法》第二条可以得出我国"科普"的定义,即国家和社会应当采取公众易于理解、接受、参与的方式普及科学技术知识、倡导科学方法、传播科学思想、弘扬科学精神。现代科普有三个层次,第一个层次是向公众普及科学知识、科学观念和科学思想;第二个层次是促使公众理解科学技术本身的特点、发展规律、局限性,以及科学技术和人类其他活动的相互关系;第三个层次是公众理解科学的生命在于创新,理解自己是科学的主人,从而参与科学技术的发明创造。

(二)科学普及是一项系统性工程

科学普及是一项复杂的系统性工程,作为一个系统,它包括普及主体、普及内容、普及手段等基本要素。

首先,普及科学知识是基础。

知识是人类进步的阶梯。人类的进步就是使用科学知识和手段认识世界、改造世界的过程,科学技术在不断地改变着我们周围的世界,也在不断改善着人们的生活水平。在科学认知活动中,科学认识主体总是遵循简洁、实用和高效的原则,运用概念、判断、推理等手段,尽可能追求对客观对象及其规律的真实反映,以获取真理性的知识。科技发展与社会生活的关系日益紧密,对现代生活的影响越来越大。公众在生活中面临的科技疑问越来越多样。公众对科学知识的需求日益迫切。科学知识上升为经济与社会发展的首要资源。习近平总书记指出:"到了知识经济时代,一个人必须学习一辈子,才能跟上时代前进的脚步。如果我们不努力提高各方面的知识素养,不自觉学习各种科学文化知识,不主动加快知识更新、优化知识结构、拓宽眼界和视野,那就难以增强本领,也就没有办法赢得主动、赢得优势、赢得未来。"

其次,弘扬科学精神是使命。

科学作为人类文化的成果,不仅包含科学知识,还包含科学精神。科学精神是人们在长期的科学实践活动中形成的价值观念。"以实证精神、理性精神的珠联璧合为基础的科学怀疑精神和批判精神集中体现了人类求真的价值取向;科学对专制、迷信的蔑视,对自由、民主、公正的追求,突出体现了求善与求美的人类价值取向。"科学精神从本质上是与神学和迷信根本对立的,它是从无数科学实验中抽象出来的认知成果和文明之光。作为精神文明的重要资源,科学精神能给社会发展带来方法、力量、机遇,甚至是丰硕成果。

最后,倡导科学方法是核心。

科学是一个广泛而多样的系统,涵盖自然科学、社会科学、人文科学、行为科学等众多领域。它代表了人们在认识自然界和人类社会等各方面取得的成就,"自然科学是人类认识和改造自然的科学"。科学素质的提升以学科知识为基础。

二、科普的意义

科普是一项关乎政治、经济、文化、社会和科技发展的重要社会事业。它的核心目标是培养具备高度科学素养和创新方法理解的公民。全民科学素质的提升已成为建设创新型国家的必然需求,也是衡量国家自主创新能力和经济社会发展水平的重要标志。一个国家的未来繁荣在很大程度上取决于其培养了多少具备科学素养的公民。国家的发展不仅需要科学家和工程师,还需要经过科学培训的管理人才,以及具备快速适应技术发展的劳动力。公众对科技问题的了解在解决众多社会难题时扮演着至关重要的角色。

在科技日新月异的今天,科技已经深刻地影响到社会的方方面面,公民科学素质已经成为国家综合实力的重要组成部分,成为先进生产力的核心要素之一,成为影响到生活品质、社会稳定、国计民生的直接因素。

实施创新驱动发展战略,是加快转变经济发展方式、提高我国综合国力和国际竞争力的必然要求与战略举措。科普是"大众创业、万众创新"的基本支撑,涉及大众层面,促进我国"大众创业、万众创新"发展基础条件之一是应当重视科学普及,提高全民科学素质水平。当前,一些科技先行国家长期以来在社会上形成了比较良好的科普氛围,公众养成了在节假日和休闲时间去科技馆、博物馆等科普场所进行参观主动接受与学习科技成果的习惯,因而这些国家民众主动接触科技的意识较强、科学素质较高。他们的政府、科研机构、学校等能较为自觉地将科普视为一种社会责任并加以践行。企业更加有意识和意愿通过科普的方式与渠道宣传自身的发展。

最初,科学家旨在让社会了解具体的科技知识;接着,社会开始从生存的角度关注科技的价值;而现在,不同国家都希望通过科技的社会传播提升国际竞争力。综合竞争力提升不仅包括科技在经济和物质领域的提高,还涉及文化和精神层面。因此,需要全面传播科技知识、技术信息和价值观。

中国的企业越来越意识到科普的重要性,并积极参与科普活动。这不仅有助于宣传科技创新产品,提高竞争力,还有助于履行社会责任,提升企业形象和社会影响力。此外,科普还有助于提高员工的科技素养,为创新企业的发展提供人力资源基础。因此,科普对于创新企业来说至关重要。

科普是满足公众对科学技术的了解和社会参与的基本需求。科学素质是塑造个人思维和行为方式、实现美好生活的前提,也是实施创新驱动发展战略的基础。只有具备一定科学素质的公民才能更好地适应现代生活,提高生活质量。不断提升职业层次是公民提高科学素质的主要动力之一。当前,许多劳动者渴望提高自身职业水平,而提高科学素质则可以为这一目标提供有力支持。此外,提高科学素质也是公民积极参与公共事务、融入社会生活的重要条件。现代民主社会鼓励公民积极参与各种公共活动,科学素质的高低将影响到个人参与的深度和广度,从而关系到生活质量和社会地位的不同。

第四节　公共图书馆科普阅读推广内涵、特征及体系

一、科普与图书馆

公共图书馆担负着开展科学普及的社会职责。作为社会文化机构，公共图书馆的社会使命扩展到了科学普及教育领域。公共图书馆可以利用其馆藏科技文献和文化资源等，向社会公众提供科普活动，以满足他们的科普需求。这是公共图书馆的一项重要社会责任和义务。唯有提升全体国民的科学文化素养，才能更好地推动社会的发展。公共图书馆可利用其馆藏、人才等资源优势，通过各种渠道和方式积极推动现代科普工作，为提高全民科学素养贡献自己的力量。

《中华人民共和国科学技术普及法》（以下简称《科普法》），明确了公共图书馆在科普服务中的重要角色和责任。首先，科普事业被明确视为一项公益事业。《科普法》第四条明确指出："科普是公益事业，是社会主义物质文明和精神文明的重要内容。发展科普事业是国家的长期任务。"这意味着科普事业的发展旨在促进社会的共同利益，而非谋取经济利益。其次，公共图书馆被赋予了在科普领域开展工作的责任。《科普法》第十六条规定："新闻出版、广播影视、文化等机构和团体应当发挥各自优势做好科普宣传工作……科技馆（站）、图书馆、博物馆、文化馆等文化场所应当发挥科普教育的作用。"公共图书馆需要积极提升自身的科普能力，设立专门的科普工作岗位，并将其纳入专业技术岗位范围，同时，充实科技类图书馆藏。此外，公共图书馆还应加强科普资源的共享，整合国内外的科普资料，包括图书、期刊、展品、音像制品等，建立数字化科普信息资源和共享机制，为社会和公众提供科普资源与公共科普服务。《全民科学素质行动计划纲要实施方案（2016—2020年）》（以下简称《方案》）也明确提出了加强图书馆等公共文化基础设施的协同作用，以扩大科普活动的影响范围。因此，《科普法》将公共图书馆的科普教育角色提升为一项不可或缺的社会责任。

在当今知识经济高速发展、国际竞争激烈的环境下，提高国民科学素质对于国家在国际舞台上的地位具有关键性战略意义。在这一新形势下，公共图书馆作为政府向公民提供文化服务的主要渠道之一，应秉持核心服务理念，即"向全社会开放，传播科学文化知识和信息，促进经济和社会发展"，并充分利用其丰富的馆藏资源。公共图书馆应积极参与全民科普工作，与学校教育相辅相成，为公民提供终身教育的机会，以全面提高中华民族的科学素质。

公共图书馆应当根据其功能定位和服务职能，将科普服务的核心任务定位在唤醒科学意识、传播科学知识、普及科学方法、倡导科学思想和弘扬科学精神等方面，以提高公众处理公共事务的能力。公共图书馆在各类图书馆中扮演着至关重要的角色，是民主社会中确保公民平等获取知识和信息的重要机构。此外，公共图书馆还是科普教育的场所，其科普服务应当致力于传播科学文化知识和信息，促进经济和社会进步，培养科学理念，激发好奇心，鼓励人们进行探索和学习，引导观念逐渐转变，培养科学的世界观和价值观。需要明确的是，公共图书馆的科学教育理念与学校正规教育中的科学教育理念有显著差异，公共图书馆应该清醒认识这一点。只有正确理解和明确公共图书馆开展科普服务的目标，结合其自身特点，才能更好地履行科普服务使命。

二、图书馆与科普阅读推广

科普阅读推广首要关注阅读推广，其主要目标在于培养不热爱阅读的人对阅读产生兴趣，帮助不具备阅读能力的人获得阅读技能，并协助阅读能力有限的人克服阅读障碍。不同于一般阅读推广，科普阅读推广的独特之处在于其旨在帮助受众获得必要的科学技术知识，掌握基本的科学方法，培养科学思维，倡导科学精神，同时，还赋予受众一定的应用科技知识以解决实际问题，并提升参与公共事务的能力。

科普阅读作为全民阅读的关键要素，在《全民阅读促进条例》中占有重要地位。该条例的主要目的之一是提高公民的思想道德和科学文化素质。在这一背景下，科普工作的有效推动变得至关重要，而科普阅读则是科普工作和活动的基础，也是最常见的形式之一。因此，科普阅读推广在阅读推广中具有重要地位，其服务对象是广大民众，其目标在于提升这些受众对科普阅读的兴趣和能力。

科普阅读推广是一种旨在促进人们阅读科普文献的社会活动，特别强调了"科学"这个关键词。与其他阅读推广活动不同，科普阅读推广的核心目标不仅仅包括让不喜欢阅读的人爱上阅读、教会不会阅读的人如何阅读、帮助阅读有难度的人克服阅读障碍，更重要的是强调普及科学技术知识、倡导科学方法、传播科学思想、弘扬科学精神。

科普阅读推广是科普工作中不可或缺的一部分。根据《方案》的明确要求，应强化公共文化设施，如图书馆等，以拓宽科普活动的领域。科普阅读推广与科普工作的目标受众相符，主要面向广大民众，重点关注青少年、乡村居民、城镇劳动者、领导干部和公务员。其核心方法在于提升服务对象对科普阅读的兴趣和能力。

科普阅读推广的最终目标在于提升整个社会的科学文化素养水平。具体而言，科普阅读推广的任务包括帮助服务对象了解必要的科学技术知识、掌握基本的科学方法、培养科学思维、倡导科学精神，以及提供处理实际问题的科技知识和参与公共事务的能力。因此，科普阅读推广活动的策划应围绕这一目标展开，通过促进科普阅读来增强公民获取和运用科技知识的能力。

图书馆的科普阅读推广在平台及资源方面具有其他机构无法比拟的优势，主要表现如下。

（1）平台优势。图书馆能较好地连接科学家与公众。从美国等国的公民科研平台来看，这一点尤为明显。公共图书馆在一方面为科学家提供服务，另一方面也联系着广大读者，具备了实施公民科研的平台优势。此外，图书馆的公益性也是作为大众参与科普教育的一大优势——图书馆的公益性使民众更加放心地参与，对于公民参与科普活动更具说服力。

（2）资源优势。图书馆在推进公民科研发展上具有软件资源与硬件资源的双重优势。一是软件资源优势。图书馆拥有丰富的文献与数据库资源，是大众参与科普活动的有力支撑；同时，图书馆构建的读者服务平台也是参与科普活动人群的数量和质量的保障。二是硬件资源优势。图书馆可为志愿者培训、成果发布等提供讨论空间与场所；图书馆具备的计算机硬件资源能服务于公民科学的大量数据收集以及保存。政府通过立法手段，确立对图书馆公民科研服务的投入，图书馆在科研领域、科普领域以及公众服务领域的重要性能进一步得到体现。

图书馆的专业优势主要体现在两个方面。首先，图书馆馆员具有丰富的公众培训和科普教育经验，使其能组织高质量的科普活动。其次，图书馆馆员有着熟练的文献计量等专业技能，一方面可以满足读者或机构的科普咨询；另一方面可以组织出丰富而多层次的科普教育活动并形成固定项目，进而追踪科普效果。

三、科普资源

学者对科普资源的定义有多种观点。一种定义将科普资源视为应用于合作交流、为社会和公众提供公共科普服务的科普产品、科普信息与科普作品的总和。另一种定义将科普资源视为在一定的社会经济和文化条件下，对科普事业的发展和繁荣产生直接或间接影响的因素。在本书中，我们将科普资源定义为涉及科普教育的知识资源的综合体。

科普资源的主要特点之一是它具有公共产品性质。这意味着科普资源是非竞争性和非排他性的产品。非竞争性表示使用者的消费不会妨碍其他人同时享受该资源，也不会降低其他人使用该资源的数量；非排他性表示在技术上难以排除那些不愿意为资源消费付费的人，或者虽然在技术上可以排除，但排除成本很高，以至于不经济实用。

科普资源的核心构成包括科普内容、科普媒介和科普产品。这些元素是科普资源的基本组成部分。科普内容涵盖了科普信息以及其呈现方式，可以包括文字、图像、声音、展品等多种形式。科普媒介是传播科普内容的工具，根据传播渠道的不同，可以划分为媒体类、场馆类和移动设施类。媒体类包括报纸、广播、视频、网络等媒体，场馆类包括科技馆、博物馆、科普教育基地等，移动设施类则包括科普大篷车、科普放映车等。科普产品则是信息资源的具体形态，如科普图书、科普期刊、科普影视作品、科普展品等。

科普资源可以按其形态分为三大类：静态类、动态类和交互类。静态类科普资源包括报纸、书籍、宣传页、挂图、海报等，这些资源是以固定形式呈现的；动态类科普资源以动画、电视节目等动态媒体为主要形式；而交互类科普资源则主要以科普游戏等互动性较强的形式存在。这三类资源各自具有不同的特点和优势。

四、科普对象

科学普及活动的对象是科普宣传的受众。在具体的科普宣传中，科普的主体和对象通常都是明确的，但有时科普的主体也可以是科普宣传的对象，就像在教育活动中，教师既扮演了教育者的角色，也需要不断充实自己的知识和教学技巧。

科普宣传的对象是当今社会中最庞大的无组织群体，他们因性别、年龄、职业、科学文化素质和兴趣爱好等方面的差异，对科学宣传有着不同的态度和需求。

现代科普宣传远非简单地传授书面知识或简单的实验演示，而是包括了丰富多彩的科幻影视内容，这些影视作品对青少年的想象力和思维激发非常有益。通过图形可视化界面和立体感官效果，这些作品引发了青少年对科学艺术的兴趣，为他们提供了更好的学习平台和体验。

五、科普手段与方式

一是加强科普文献资源的推广。首先，开辟专门的科普文献阅览室、专藏空间、推荐空间等将科普图书、科普期刊、科普声像资料进行集中收藏，以供读者外借和阅读。其次，通过各种手段展示、揭示和推送馆藏科普文献，以便读者充分了解、借阅、获得各项文献信息及资源内容。

二是举办讲座、展览、沙龙、放映及讲演结合或讲映结合的科普活动，积极推动科普工作开展。利用自己的馆藏科普文献资源，邀请当地一些有名的科技工作者或科技团体配合当前科普工作的重点和热点，有针对性地举办科普活动，提高参与读者的科学素养。

三是积极开展科技下乡、志愿帮扶活动，实现科普文献扶贫。一方面通过整理、加工馆藏科普文献上的一些实用知识为当地乡村居民和企业服务；另一方面直接将原生科普图书与科普期刊送到经常联系的当地中小学和社区及乡村图书室里，让这些科普文献发挥更直接的作用。

四是运用数字化、信息化的技术手段建设网络科普平台，推动资源的利用和共享。图书馆可以对既有的科普讲座进行数字化加工，既可以自建专题数据库，也可以购置专业科普数据库，实现广大读者足不出户即可便捷获取各项科普知识的效果。大型公共图书馆还可以根据自己的地域特色和功能定位开展特色数据库建设，这不仅是图书馆原创性的馆藏资源，还是很适合广大读者的科普平台。值得一提的是，依据地方特色文化而建设的各种数字化地方文献也是很好的科普资源，如"北京记忆网"就是通过现代多媒体信息技术，将以往各期讲座的具体内容以文本、音频、视频的形式纳入"北京记忆"大型历史文化多媒体数据库，使公众可以便捷了解北京历史科普文化。

五是主动接受社会科技信息咨询和查询服务。为科研和政府机关提供参考咨询与查新服务是现代公共图书馆的重要职能之一。图书馆拥有广泛的文献资源与数字资源，且自成体系，是我国最重要的文献信息查询基地，有专职从事于文献信息咨询服务的专业馆员及合作的专业机构，强化各类科技信息的门户导航作用，努力提高全民用户信息素养，强化深层次个性化知识服务。面向普通用户推出信息素养教育培训及咨询服务，面向科研工作者和重点行业的研发人员推出个性化科技参考咨询服务或跨学科或交叉学科的参考咨询服务。科技文献信息咨询服务已成为图书馆服务水平和服务能力的重要考核指标之一。

六、科普反馈

科普反馈是管理部门通过了解普及宣传对象的科学素养水平、信息接受和理解情况，以及验证发布的宣传信息质量，并相应调整信息输出的过程。

反馈是实施控制的必要环节,通过反馈,普及主体可以逐渐提高宣传信息的贴合度,从而强化宣传效果。

社会调查是反馈工作的核心,调查结果的客观性对反馈效果至关重要。因此,在进行社会调查时,需要确保样本选择的科学性和调查项目的合理性。例如,在进行公众科学素养调查时,不仅应了解公众的科学知识水平,还应考察其科学思维能力和科学精神素养。这些信息有助于更好地了解宣传对象的需求。

七、图书馆科普阅读现状

现代科普工作任重道远。我国公共图书馆现代科普服务实践良好,但仍存在一些问题。如科普力度不够、科普手段相对落后、对科学思想和科学精神的传播重视不足等。

公众服务理念有待提升。大部分图书馆还习惯于被动式地提供服务,虽然近年来图书馆界在服务科研上进行了主动式服务变革,但是,就与公众互动而言,图书馆仍存在一些不足之处。科普工作需要进行公众的招募、联系、组织和评价等科研模式的调查,因此图书馆必须采取目标导向的主动服务方式,以更好地促进公民科学素质的提升。

缺乏大数据管理经验是一个问题。公民科研的特点之一是涉及大量数据,而数据分析也是面临的一项重大挑战。传统图书馆在大数据的收集、管理和组织方面可能相对陌生。解决这个问题需要引入相关人才,并需要政府增加硬件资源的投入。此外,数据分析是评估科普工作的重要因素,但图书馆馆员在这一方面可能需要更多的培训和支持。

经费资源有限是一个问题。目前,大多数公共图书馆在科普方面仍然缺乏相应的财政专项支持、技术支持和人员支持。因此,图书馆难以为公民科研项目提供高质量的服务。

第九章　公共图书馆阅读推广服务建设

第一节　科普文献类型与推广

开展科普工作，充足的科学知识资源是首要保障。图书馆是公共文化生活交流空间，是知识和信息的宝库。图书馆由于在文献资源和人员上的优势，已成为我国科普事业的一支重要力量。

一、图书馆藏书类型

图书馆的馆藏文献包括图书、连续出版物、古籍与地方文献、电子及数字文献等几大类。它们都对普及科学知识起到重要作用。随着文献资源类型的改变和科技的发展及读者的阅读需求，读者/消费者购买电子图书、期刊全文数据库的占比越来越高，图书馆从单一类型的纸本收藏，到纸本资源、数字资源同时收藏，再到网络馆际互借共建文献收藏，已经成为各馆藏资源建设的必然。这种趋势和转变，对馆藏建设、管理、利用外文文献资源既是一种导向，也提出了更深层次的服务要求。

公共图书馆拥有丰富的文献资料，以知识性和普及性为主要特点，能满足公众的知识需求。这些图书馆资源包括多种类型的学科，涵盖了不同深度和广度的知识，适合大众阅读。其中，不仅包括传统的纸质图书、报刊，还包括多媒体的电子资源。此外，公共图书馆还提供电子阅览室和上网服务，使读者能访问互联网资源。

政府每年都稳定投入购书经费，以保持信息和知识的完整性与新鲜性，为科普工作提供了丰富的信息资源支持。此外，图书馆馆员通常具备高素质的专业素养，他们熟悉馆藏资料，擅长使用网络搜索技术，能迅速编制出相关书目和信息专题，为各种科普活动提供内容支持。

二、科普文献分类

科普文献有广义和狭义之分。狭义的科普文献涵盖自然科学领域的通俗读物，如天文、地理、物理、化学等专业图书。广义的科普文献扩展了狭义定义，包括实用技术类图书、部分社会科学和人文学科文献，以及与日常生活相关的各种知识性文献。无论是广义还是狭义，科普文献都具备两大基本特征：科学性和通俗性。

科普文献按照对象的不同，可以分为幼儿科普读物、青少年科普读物和成人科普读物；按照行业的不同，可以分为基础科学科普读物、农业科普读物、公交科普读物、国防科普读物、医药卫生科普读物等；按照创作类别的不同，可以分为科普著作、科普小品、科普诗歌、科幻小说等；按照文献出版形态的不同，可以分为百科全书、科普人物传记、丛书、文集汇编等。

《中国图书馆分类法》提出了科普类目的分类方法，并重点考量了各学科科普应用文献的归类问题，基本的分类方法是"各学科科普文献归入各学科相应的科普类目"，如哲学科普文献归入哲学的相关科普类目"B-49 哲学学习与普及"，生物学科普文献归入生物学的相关科普类目"Q-4 生物学教育与普及"等。为了解决涉及多学科科普文献的分类问题，《中国图书馆分类法》在"C 社会科学总论"下设立了"C4 社会科学教育与普及"，在"N 自然科学总论"下设立了"N4 自然科学教育与普及"，这是《中国图书馆分类法》分类科普文献的两个主要类目。《中国图书馆分类法》还在总论复分表中设立了"-49 普及读物"，用来复分各学科类目的科普文献。

三、科普文献的推广

图书馆应不断充实和更新馆藏的科普资源，以适应科学技术的不断发展和知识更新的速度。随着一些冷门领域的科学技术开始影响人们的日常生活，如环境科学、食品科学、医学、航空航天等，公共图书馆应调整馆藏资源，以满足公众的需求。这包括确保科普信息的持续更新和充实，特别是关注和加强热门学科文献的建设。此外，科普文献应具备较浅显的知识深度，以适合广大读者的阅读水平；资源类型也应多样化，以满足不同读者的兴趣和需求。这样，图书馆可以更好地满足公众的科普阅读需求。

为了推广科普文献，公共图书馆可以采取以下措施。

1.创建科普文献专题推荐区域

在大型图书馆的阅览室中，可以设立专门的区域或架子，用于展示精选的科普文献。这些区域可以包括"科普新书速递""获奖科普图书"和"科技工具书"等专题架子，以便读者更容易找到优质的科普读物。

2.制定科普图书推荐书单

图书馆馆员可以利用各种机构的科普图书评选结果，如"国际化学年'读书知化学'重点推荐图书""引进版科技类获奖图书""英国皇家学会科学图书奖""Amazon年度科学类选书""《物理世界》年度推荐最佳科普书"等，来制定推荐书单。这样的书单可以满足不同读者的需求，提供个性化的科普图书推荐。

3.设立获奖科普图书专架

许多科普奖项在全国范围内设立，如科技部的"国家科技进步奖"和中国科普作家协会的"优秀科普作品奖"。图书馆可以在馆内设立专门的架子，展示这些获奖科普图书，方便读者查阅优秀的科普作品。这有助于推广获奖作品，激励科普创作者和出版机构积极参与科普创作。

此外，还有相当数量的科普图书以丛书的形式出版发行。这些丛书通常在设计风格、尺寸、规格和装潢上保持一致，因此可以设立专门的架子或区域，便于读者了解该丛书涵盖的学科范围和编排体系。这样，读者可以在较短时间内浏览多个学科和领域的图书，有助于他们全面了解这些学科领域的概况。一些示例包括商务印书馆出版的"自然观察""自然雅趣""自然文库"和"自然感悟"等系列丛书。

科技出版社也是个重要元素，它们主要出版自然科学、工程技术、医学卫生、实用读物和科普类书刊。在科普阅览室中，可以设立"出版社专架"，集中推荐这些国内规模较大的综合性科技出版社的图书。这些图书代表了国内最优秀的科普作品，有助于推广科普图书，提高公众的科普认知。另外，还应关注引进版科技类和科普类图书的推荐。

  图书馆作为重要的公共文化服务平台，坐拥丰富的科普文献资源，应利用自身阅读空间的优势，为公众提供优质、丰富的科普图书，鼓励读者阅读科普作品，增长科学知识，提升文明素养。

第二节 非文献类科普资源建设

一、科普场馆与科普机构

科技馆,即科学技术馆,是一个以展览和教育为主要目的与功能的非营利性科普教育机构。科技馆采用各种手段,包括常设展览、临时展览和巡回展览,以及交互式和体验式展品,辅助性的展示方式等,旨在激发公众对科学的兴趣,启发他们的科学观念,推进科普教育。此外,科技馆还可以举办各种其他科普教育、科技传播和学术文化交流等活动。

在新的时代背景下,我国科普工作需要社会各界使用"大科普"的思维,形成大联合、大协作的局面。图书馆和科技馆不仅要立足自身资源积极开展传统科普服务,还应加强团结与协作,融合科普文献和专业科普机构的双重优势,积极开拓科普服务创新,进一步发挥社会教育机构的作用,为建设创新型国家提供有力支撑。对图书馆来说,一方面要继续开展传统科普服务,针对不断涌现的3D打印、燃料电池、纳米材料等新技术和新产品为公众提供科普文献、科普讲座等;另一方面,要积极借鉴科技馆经验及加强与科技馆的合作。一批创客空间在图书馆蓬勃兴起,一批原本只出现在科技馆内的科技体验项目通过双方的合作出现在图书馆。

图书馆与科技馆实体合作可以扩大受众范围,创新图书馆的科普服务方式,提高社会效益。同时,这种合作还能丰富科技馆的展示内容,满足公众的科普需求,实现多方共赢。

二、科学家、科技工作者和科研机构

科学家这个社会角色在历史上并没有存在太久的时间。在19世纪中叶之前,英语中并没有"科学家"这个词。直到1840年,西方近代科学哲学的奠基人威廉姆·休厄尔在他的著作《归纳科学的哲学》中首次使用了"科学家"

这个术语。随着科学事业的发展，科学家逐渐成为一种职业，并在人类社会中扮演着越来越重要的角色。

中国著名科普作家高士其曾明确指出："科学普及是科学工作者的重要任务之一。只有将科学研究与科学普及紧密结合起来，才能成为完整的科学工作者。"科学普及与科学家的科研工作紧密相连，相互促进，不可分割。历史上，科学家的宣扬和普及功不可没。例如，布鲁诺和伽利略的科学宣传对近代科学革命产生了深远的影响；赫胥黎的辩护和宣传为达尔文的进化论传播打下了坚实基础；没有广泛的相对论普及，爱因斯坦及其理论也不会如此家喻户晓。

在当今高度科学社会一体化的背景下，现代科学研究事业需要更多公众的科学理解和支持。因此，科学家应将科学普及视为自己的一项使命，将其融入科研工作之中。

我国著名科学家钱学森曾向西北工业大学提出建议，认为学位论文，无论是硕士学位论文还是博士学位论文，都应包括一个附录，旨在以通俗易懂的方式解释研究课题，以便为非专业人士所理解。总结来说，在现代科学普及阶段，科学家提高交流能力并与大众媒体合作已成为科学普及的关键。

从长远来看，科普不仅有助于提高公众的科学素养，普及科学文化，为培养科研人才提供了必要的社会文化背景，还有助于培养促进创新的科研文化，从而促进基础学科的发展和科学共同体的繁荣。

科普有助于启发科研人员的智慧，扩展他们的知识领域，促使灵感涌现，推动跨学科研究的深入。卡尔·萨根曾在评价阿西莫夫的作品时指出，我们无法准确得知有多少科学家在科研前沿的探索中，是因为阅读了阿西莫夫的书籍、文章或故事而初次获得启发和动力；同样地，我们也难以估计有多少普通公众出于相似的原因而对科学事业表现出同情和支持。

科学家积极参与科学传播有多重好处。首先，这可以让科学家了解社会和公众对科学的关切，帮助他们认识到科研工作及其成果转化的重要性。通过科学传播活动，科研人员更深刻地理解了科研工作的意义，从而提高了他们的积极性和研究动力。其次，科学普及和传播有助于吸引来自其他社会领域的潜在关注者，为科研人员及其感兴趣的研究领域带来更多的关注和支持。

当前，学科交叉和创新活动日益频繁，引发了科研和创新模式的重大变革。科研和创新主体的要求已不仅限于知识创造与人才培养，还需要跨学科研究和与其他社会领域的合作，扩大科学普及的社会作用，促进与经济、社会、政治、媒体等领域的协同创新。科研成果和社会应用对人们的生活产生越来越大的影响，因此，科学共同体和公众之间的互动关系变得至关重要。公众的理解和参与对科学的民主发展至关重要，科学家需要公众的支持，而公众也渴望了解科研的进展和最新成果。科学家的教育实践和回应公众需求推动了科技进步与社会发展。

高校和科研机构也扮演着科普资源的关键角色。近年来，这些机构积极参与各类科普活动，包括定期开展"开放日"活动向公众敞开大门。同时，中国科协和各级科技管理部门建立了科普教育基地，将高水平的科研成果和看似"神秘奥妙"的科研过程转化为易于传播与体验的科普资源。例如，中国科学院旗下的植物研究所、物理研究所、声学研究所以及中国科学技术信息研究所等机构的"开放日"活动经常座无虚席。

三、电视、网站、微博、微信等网络媒体资源

（一）电台、电视台科普（技）节目

科普（技）节目是指电台、电视台播出的面向社会大众的以普及科学知识、倡导科学方法、传播科学思想、弘扬科学精神为主要目的的节目。科普（技）广播节目和科普（技）电视节目具有传播范围广、传播信息及时和生动等特点，是开展科普宣传重要的传播渠道。

（二）网络资源

伴随着信息时代的到来，网络科普成为新时代知识传播的新型产物，网络科普作为互联网技术建设出的科学知识、科学原理的传播平台，也是信息化建设的着力点，其主要目的是让广大网民及时汲取科学知识。网络科普是指以互联网为传播平台，以专业科普网站、微博、微信等为传播源，以科学

知识、科学原理、科学精神为主要传播内容，以广大网民为传播对象的科学传播形态，它具有传播速度快、传播人群广、交互性强的特点。网络科普迅速崛起并成为日益重要的科普手段。

科技内容的传播方式已经超越传统的广播、电视、报纸等媒体，更多地依赖于互联网和社交媒体，如微博、微信。信息时代的迅猛发展使得这些媒体越来越普及，从而极大地拓展了科技传播的渠道，提高了信息传播的速度和关注度。此外，科技传播日益倾向于多媒体融合，包括文字、图片、音频和视频等元素的综合传播，这反映了科技传播领域的发展趋势和特点。

科普工作需要保持与时俱进的活力。随着科技的不断进步，全媒体的兴起成为现代科普的主要推动力量。新媒体平台以其丰富的多媒体内容，突破了传统科普的时空限制，更生动、形象地传达科学文化信息，也推动了科普工作向数字化方向发展。这符合现代科普的可持续发展理念。

（三）网络科普平台的特点

1.内容多样丰富

互联网作为科普资源的宝库，涵盖了各种各样的内容，资源数量不断增加。每天都有大量新的科普网页涌现，数据库也得到快速更新。

2.开放性强，易于使用

网络科普资源具有广泛的分布，突破了时空限制，实现了全球范围内的资源共享。超文本链接方式使不同内容之间具有紧密的关联性，方便用户浏览和获取信息。

3.时效性强，传输速度快

网络科普资源更新及传输迅速，能根据实际情况进行内容的快速更新，加之互联网的覆盖范围广，信息传输渠道高速，因此不仅可以及时进行科普资源的传递，还可以将科普资源应用于各领域。

4.交互性高，共享便捷

借助互联网技术，时间和空间的限制被克服。网络科普资源可供多个用户同时访问，且不受数量损失的制约。用户可以随时随地访问网页上的科普知识，不受时间和地点的限制，相比传统科普资源，更具灵活性。网络科传播具有强大的互动性，信息发布者和使用者之间可以自由交流，甚至角色可以互换，用户不仅是科普资源的使用者，还可以成为科普资源的贡献者。

(四) 微博和微信与图书馆文献推荐结合起来

利用微博与微信推荐文献资源的好处是可以采集阅读量、转发量、点赞量等数据，进而统计科普图书的推荐效果，也便于利用微博、微信联合开展线上、线下联合互动，从而实现既有活动的覆盖面，又能有良好的活动体验，还能把活动体验进行二次传播和推广，从而提升科普文献的社会传播力和影响力，吸引社会公众对科普文献的关注，激发公众学科学、用科学的自觉性。特别值得提出的是，图书馆馆员应该为本馆微博、微信的服务对象进行分析和服务跟踪，按照他们的兴趣、年龄、需求主动定向推送，或许会收到事半功倍的效果。

第三节 科普阅读推广馆员

图书馆馆员在图书馆科普工作中扮演着核心角色,他们直接与科普受众互动,是科普信息的传播者。图书馆馆员的科技素养和工作状态对图书馆科普工作的效果有着直接影响,因此可以说,他们是图书馆科普工作的关键因素。

一、图书馆创造条件和环境助力馆员成长

为了有效开展图书馆的科普工作,需要拥有高素质的馆员队伍。与一般阅读推广相比,科普阅读推广对馆员的专业学科背景要求更高,因此需要进行系统的培训和教育。图书馆应该创造有利于提升馆员科技素质的工作环境,建立灵活机动、适应人才培养的用人机制,以管理机制促进馆员科技素质的提高。定期举办科普工作培训班,加强馆员的知识更新,使他们能及时了解国内外科普的新动向和趋势,掌握现代科普的工作方法。图书馆还应该致力于实施"互联网+科普"建设,以提高馆员的科学素养和科普能力。馆员培训应注重培养综合型馆员,要求每位馆员至少掌握一门高新技术领域的知识,以更好地向读者传播科技知识,胜任其所负责学科领域的科普工作。馆员应充分认识到图书馆工作和科普工作的重要性,积极学习新知识和新技能,接受专业培训和继续教育,提高自身的知识水平,培养分析能力,不断提高科技素养。

二、图书馆馆员提高科普阅读推广素质的策略

(一)提升认知,增强科学素养和专业素养

图书馆馆员是知识的领航员,需要满足不同读者的个性化需求,具备过

硬的信息研究与咨询本领，是图书馆馆员专业性的体现。为了实现这一目标，需要进一步提高馆员的科学文化素养，以提升他们在参考咨询服务中的服务质量。科普教育应被看作提高图书馆文明水平、促进馆员终身发展的一种途径，并应成为广大馆员和读者关注的重要课题。

图书馆馆员需要具备良好的思想品德和职业道德，同时，还要了解不同层次科普受众的阅读心理和需求。他们应该熟练掌握图书文献的组织、管理和加工技能，同时，具备指导阅读和组织各种形式科普活动的能力。此外，他们还应具备广泛的现代科学基础知识，以胜任新形势下的科普工作。馆员的科技文化素养对于成功开展科普工作至关重要。

（二）增强文献收集、整理和开发能力

公共图书馆在设计科普教育展览内容时，应该精心筛选和规划，考虑满足当前社会和未来科学技术方面的需求。他们应该特别关注社会上与科学技术相关的时事热点，将科普展览融入人民群众的生活。公共图书馆可以充分利用社会中人们关注的重大事件、科学纪念日或者科学进展事件，制订有针对性的科普活动计划，提前做好准备，以引起人们的关注，并激发他们学习科普知识的兴趣。这将有助于将科普教育更好地融入社会生活中。

公共图书馆具有丰富的科普藏书和专业馆员，可以充分发挥这些优势。图书馆可以将各类科普书籍和数据库的资源进行综合开发与分类服务，通过多次文献开发，创建包含科学性、知识性、应用性和趣味性的专题电子剪报。这些剪报可以通过微博等社交媒体平台定期推送，使读者能方便地获取及时有效的科普信息，节省查找信息的时间，并激发他们了解科普和积极接受科普教育的热情。

选择科普读物的方法多种多样，主要包括以下途径。

（1）考虑有影响力的科普图书奖获奖书籍，如英国皇家学会科学图书奖、美国科学促进会《科学图书与电影》优秀科学图书奖，以及国内的中国科普作家协会优秀科普作品奖、北京市优秀科普作品奖和吴大猷科普著作奖等。

（2）查看各大知名图书销售机构或读书网站的排名，例如，豆瓣网的科普读物类年度榜单，以及北京市公共图书馆每年评选的"年必请读书目"中的科普类图书。

（3）参考权威机构或知名专家学者的推荐。

（4）阅读知名科普杂志，如《环球科学》(《科学美国人》的中文版)、《科学画报》等。

（5）阅读科技报纸，例如，《科技日报》《中国科学报》以及各省市的科技报纸。

(三)深层次挖掘网络科普资源的能力

公共图书馆应当巩固传统科普资源，同时，积极发展新兴领域，以形成"多位一体"的全媒体现代科普体系。为适应信息与网络时代，图书馆馆员可以采取以下措施。

（1）积极开发和整合网络科普资源，提供在线科普内容，包括文章、视频、音频等，确保图书馆网站的科普版块内容丰富且定期更新，吸引更多读者在线学习科学知识。

（2）利用新媒体的互动性，与读者互动，了解他们对科普的需求和反馈意见，以此作为图书馆科普工作的指导方向，更好地满足读者的需求。

（3）利用全媒体的信息储存能力，为读者提供多样化的科普内容，丰富他们的科学知识。同时，帮助读者培养准确鉴别信息和解决问题的能力，提高他们的科学素养。

尽管网络展览在公共图书馆领域的应用尚不普及，但其发展前景十分广阔。随着国民信息技术素养的提高和网络服务技术的不断升级，公共图书馆的展览业务将朝着实体会展和网络会展相结合的方向发展。为充分抓住这一机遇，公共图书馆可以采取以下措施，推动科普教育与网络展览的有机融合。一是建设网络展览专项网站，根据图书馆的信息化水平，设计网站模块，注重融入科普教育内容。这些模块可以包括知识传播、资源下载、在线服务等，以满足科普教育服务的需求。二是通过多种方式进行网络展览网站的在线推广，包括信息共享与传播、插入超链接、在线投票、微信小程序等。这些方法有助于扩大网络科普教育展览的影响力和知名度，促进其在社会中的宣传与推广。

在科普推广中，优质的科普网络资源有很多，如中国科普网、中国科普博览、果壳网等网站。

（四）加强社会协作意识，促进沟通能力

科普教育是全民都可以参与的社会活动。为了满足各种人群的科普需求，图书馆也应提供不同程度、不同层次的科普服务，从广泛性和科学性的角度出发，作为科普平台和纽带的图书馆需要积极与社会各种掌握科普资源的机构合作，这些机构可以是专业的行业科学技术协会、高校科研机构，也可以是企业社会团体等。可以看出，相似的服务性质和资源优势有助于彼此服务功能的认同，并能在一定程度上达到资源共享及合作服务的效果。比较突出的是商业、服务企业，与图书馆的合作比例很低（17.4%）。

公共图书馆可以与各类科技协会合作，以加强科普工作，推动科技成果的应用和科普教育的普及。具体而言，公共图书馆可以采取以下策略。

1.搭建桥梁

公共图书馆可充分利用自身的文献信息资源和平台优势，与各类专业科技协会建立联系，促进科技成果向实际生产力的转化。通过为协会和社会大众提供信息支持，加速科学技术的应用和传播。

2.联合办分馆

图书馆可以与其他科学机构联合合作，设立分馆或合作点，将馆藏实体文献延伸到更多地方。通过合作开展科普推广活动，为公众提供更多的便利，丰富科普服务的形式，增加图书馆的影响力。

3.举办科普活动

图书馆可以借助学校的科普教育资源，与科技机构合作，举办科普讲座、科技咨询、科技成果展览等活动。通过这些活动，最大限度地动员社会上的科普资源，扩大与提高公共图书馆科普阅读推广的覆盖面和参与度。

（五）关注社会热点，掌握出版行情

图书馆馆员应充当科普使者，发挥自身科普文化专长和检索能力，利用馆内科普资料进行科普宣传，传播科学思想，促进科普阅读。一些公共图书馆的社交媒体平台在一段时间内很少关注社会热点，认为这些热点与图书馆和科普无直接关联。然而，公共图书馆应该积极把握热点事件，为读者提供最新信息，尽量将热点事件与图书馆资源联系起来，例如，推广与诺贝尔奖、科学实践、科普图书奖等相关的活动，以充分发挥图书馆在推动科普阅读方面的作用。

第四节　乡村居民科普阅读推广服务

一、乡村科普阅读推广的界定

乡村科普阅读推广属于乡村基层科普的范畴。《中华人民共和国科学技术普及法》对乡村科普的定位是："国家加强农村的科普工作。农村基层组织应当根据当地经济和社会发展的需要，围绕科学生产、文明生活，发挥乡镇科普组织、农村学校的作用，开展科普工作。"乡村科普是面向乡村居民的科普工作，通过不同的方式和渠道，向广大乡村居民介绍乡村建设所需的科学文化知识，旨在提升他们的科学文化素质、科学知识水平和科技生产能力。这是一项我国需要长期持续发展的工作，其目标包括培养健康、科学、文明的生活方式，推广资源和能源的节约利用，提高乡村生产的效益，促进社会主义新农村建设的各方面，如生产、生活、乡风、村容、管理等的全面发展。

由此，乡村科普阅读推广的对象主要是乡村居民，从事农业活动的乡村居民都包括在内。公共图书馆针对乡村居民开展科普阅读推广工作旨在创新服务手段，利用各种方式，形成"纵向衔接，横向沟通"的服务运作机制，开展多种科普阅读推广活动，从不同角度、不同层次、不同主题对乡村居民进行科普阅读宣传，构建合理有效的科普宣传框架和科普教育网络，实现城乡居民接受全方位、全覆盖的科普教育和指导服务，充分发挥科普教育促进国民素质提高、提升公共文化服务的作用。

二、乡村科普阅读推广模式

乡村科技推广的速度和程度远远落后于城市，在一定程度上也是导致乡村经济发展缓慢、乡村居民增收困难的原因之一。公共图书馆在乡村科普方面的贡献主要在其资源、工具和服务方面，可以利用丰富的馆藏资源、先进的技术设备和有效的服务方式,根据乡村的实际需要,深入乡村群众之中,组织开展各种实用的技术技能教育和培训。通过各种实用技术培训、专家讲座、远程教育、实地教学等手段,增强乡村居民科学素养,提高乡村居民专业技能,培养乡村居民判断经济形势的能力。例如,根据乡村和乡村居民对科技知识的需求情况,图书馆可以规划购买和下载关于农业生产管理的图书期刊与视频资料,并为乡村群众提供免费借阅和播放服务,也可以组织农业生产实用技术、乡村产业管理技术等讲座活动等。

从阅读推广活动模式来看,乡村科普阅读推广主要有四种模式,分别是教育培训模式、品牌活动模式、知识宣传模式和精准扶贫模式。但在实际推广过程中,多是不同模式进行的各种不同组合和聚合,以下主要介绍前三种模式。

(一)教育培训模式

教育培训模式是指通过资源借阅、开展讲座、实地指导、远程教育等各种方式对乡村居民所需的实用技术、农业知识等进行科普宣传、教学指导。从实践来看,设立科普图书室进行图书期刊借阅和讲座是此类模式的主流活动方式。如山东省青州市图书馆在该市所属南寨村、侯王村、南张楼、大袁村、贯店村等20余处设立科普图书室。每个图书室拥有种植、养殖、机械等科普类书籍千余册,常年向乡村居民免费开放,将科普知识送到乡村居民的田间地头。图书期刊借阅的关键在于对实用型农业知识的开发和挖掘。实地指导往往需要公共图书馆与农业技术推广组织合作,共同完成。随着乡村互联网的普及以及乡村居民网络应用能力的提高,远程教育或将成为未来发展的主要形式。

(二)品牌活动模式

品牌活动模式是指围绕经典科普阅读推广活动打造有深度、有影响力的活动品牌,通过品牌活动的开展,有效整合图书馆和其他机构人力、物力资源,扩大活动影响范围。

从全国范围来看,大型的科普活动品牌有"文化、卫生、科技三下乡"

"科普大篷车下乡万里行""科普文化进万家"等。其中,"文化、卫生、科技三下乡"是由包括图书馆在内的多部门联合组织、共同开展的协作活动。该品牌活动由一系列的专项科普活动构成,如"大中专学生志愿者暑期'三下乡'""乡村青年文化节""送书下乡""科普之冬""科普之春""九亿农民健康教育行动"等,这些活动的开展在全国各地的乡村中产生了积极影响,全方位、全覆盖地促进了科普活动在全国乡村的开展。"科普大篷车下乡万里行"打破了图书馆只能辐射某一限定区域的局限性,扩大了图书馆科普辐射的地理区域,使广大乡村居民通过直接参与的方式感受科学、理解科学。此外,各地图书馆根据当地实际情况,组织和开展了大量乡村科普活动,其中一些科普活动广受好评,逐渐发展成为当地的品牌,在宣传科普知识、促进科普阅读推广的过程中发挥了积极作用。

(三)知识宣传模式

知识宣传模式是指图书馆利用丰富的馆藏文献资源,以开展讲座、组织宣讲、现场教学等方式,有针对性地根据乡村居民的实际情况向乡村群众开展科学文化知识普及活动。

公共图书馆可以利用丰富的资源,在卫生健康、日常生活、法律等领域开展科学文化知识普及活动,服务乡村居民。例如,可以结合图书馆服务宣传周、全国科普宣传日和"文化、卫生、科技三下乡"等活动,传播法律法规、疾病预防、食品卫生、节能环保等知识。这些活动有助于提高乡村居民的法律意识,消除偏见,促进科学生活习惯的养成。此外,还可以积极推广图书馆,培养乡村居民的图书馆意识,鼓励他们参观乡镇图书馆和农家书屋,养成阅读习惯。通过健康书籍教育,提升乡村居民的自然认知和自然改造能力,帮助他们形成正确的世界观、人生观和价值观,为新农村建设做出贡献。

从目前来看,在公共图书馆科普推广活动中,往往是上述三种模式的组合,如"教育培训+知识宣传""知识宣传+品牌建设"以及"教育培训+知识推广+品牌建设"等。河北省邢台市图书馆的"科技图书、科技信息下乡活动"是典型的"教育培训+知识宣传"组合模式。

第十章　公共图书馆阅读推广的服务设计创新

第一节　专题专架与阅览室

一、专架与阅览室的界定

（一）专题展架/展板

专题书架通常是根据社会热点、政治形势、突发事件等主题，将相关图书集中摆放在一个书架上，供读者使用。这种书架是一种特色书架，可以传达图书的多方面特征，有助于图书更好地接触读者。科普阅读推广的专题书架不仅限于这些范畴，还包括长期性的专题书架，满足读者长期需求。这些专题书架可以根据读者普遍关注的科普问题设置，将相关图书集中放置在一个书架上，以方便读者获取科普知识。这些书架的分类可以从不同角度进行，是科普阅读推广的重要工具之一。

（二）阅览室

传统的文献阅览室通常包括普通阅览室、专门阅览室和参考研究室等几种类型。科普专题文献阅览室属于专门阅览室的一种，旨在满足读者对科普知识的需求，为读者提供便捷的科普文献资源借阅服务。

随着互联网技术的迅速发展，数字化阅览室已成为图书馆建设的重要组成部分。目前，公众对数字化生活的需求明显增加，因此，在图书阅览室内，可以设置二维码标识，以便公众通过扫描二维码访问相关网站，获取最新资讯。此外，通过友情链接，引导公众了解各种规模、地区和特色的科普知识，从而拓宽他们的知识视野。借助良好的无线网络信号，公众在阅读纸质图书的同时，还可以方便地通过网络获取和拓展自己的知识体系。这些举措有助于提升图书阅览室的数字化环境，满足公众的信息需求。

二、科普文献建设

在设置科普专题阅览室和书架时，应考虑文献内容而不是文献类型。相同类型的文献可能属于不同的专题阅览室。一些高度使用的文献可以考虑多次购买，以确保每个阅览室都有一定数量的复本。目前，图书馆的收藏功能逐渐减弱，即使拥有大量经费也难以购买所有图书。因此，图书馆应该确保有限的经费最大限度地发挥作用。协调和布局藏书非常重要，以避免造成混乱，使读者能轻松找到所需的书籍，最终实现为读者提供优质服务的目标。

为了提高公众查找所需图书的便捷性和提升学习效果，可以对科普资源图书阅览室的图书资源进行特色分类。除了常规的图书分类外，还可以根据科技馆的典型展品设置专门的论释类图书专柜。这个专柜可以引入与展品相关的图书资源，详细介绍展品的设计、工作原理和特点，使公众在观看展品的同时，还能深入了解其功能。这种分类方式有助于提供更具针对性的科普阅读体验。

为了满足不同人群的科普需求，科普资源图书阅览室可以考虑购买和配置相关特色图书。这包括引入适合青少年的科学探索和思维启发的图书资源，满足乡村居民需求的农业知识和其他实用性知识的图书资源，以及支持"大众创业、万众创新"理念的图书资源。另外，还可以引入能弘扬科学精神的图书资源，以提高大学生的科学思维和综合能力，满足高等教育阶段的科技教育需求。这些举措有助于赋予科普资源图书阅览室更强的时效性特点，以更好地满足不同人群的需求。

科普图书的更新可以考虑以社会热点和最新科普资讯为目标。这包括进行常态性的调研和整理科普资讯，定期更新科普图书。为了建立符合图书馆整体工作要求的科普资源更新机制，可以采用制度化的方式管理。此外，引入网络媒体关注的社会热点话题和最新出版的图书，为公众提供最新的科普资源，不仅有助于营造全民阅读的氛围，还能引导社会舆论，提升全民的科学素质。在图书推荐方面，需要针对热门图书和冷门图书进行不同的策略。冷门图书的推荐主要是让读者了解可以借阅这些科普知识图书，而热门图书的重点在于甄选最适合读者需求的图书，以便在信息爆炸时代为读者提供便捷的选择。在推荐和选取科普图书时，应始终以满足读者需求为主要目标，并承担知识分享和传播的责任。专题图书推荐也应受到重视，需要在实践中不断发现热门图书推荐的问题，并寻找解决问题的相关策略。

  现代信息技术的快速发展促使科技文献的数量急剧增加，同时，出现了多种多样的数据形式，改变了信息传播与获取的方式。这使信息资源变得分散、庞大、复杂、无序，使读者在浩瀚的信息海洋中感到迷失。因此，我们需要积极建立和采购数据资源，以便高效、迅速、准确地利用信息资源，满足读者的知识需求，进行有效的知识导航。例如，我国 40 余家省市公共图书馆合作创建的公益性文献信息咨询服务机构"联合参考咨询网"，利用了大量的数字化资源，包括 90 万种电子图书、1500 多万篇期刊论文、23 万篇硕博学位论文、17 万篇会议论文、500 万篇外文期刊论文、7 万件国家标准和行业标准以及 86 万件专利说明书等，旨在引导国民热爱科学和技术，同时，也拓展了图书馆为社会服务的新领域。

第二节 展示长廊

在确定展示长廊的定义之前，首先需要明确展示空间的概念。展示空间是一种经过人工创造的空间，旨在充分展示展品内容，包括空间的形状和实体的形态。这个空间由各种形式的围合构成，可以容纳各种道具、展品和观众，以实现观众的参观、交流和展览目标。随着展示功能和理念的发展，现代展示空间的构成已经从过去相对简单和封闭的形式发展为更多元化、多层次、开放与个性化的形式。现代展示空间通常包括环境空间、展示空间、交流空间和辅助空间等。展示空间是一个地方的概念，观众在这个空间内活动，而随着展示环境的多样性增加，展示空间的组织方式变得更加灵活。

长廊和展厅都是展示空间的表现形式，也是有形文化的表现形式，两者既有相同又有不同。很多展厅装修设计风格也是长廊式的，甚至展厅也起名为文化长廊、画廊等。总体来说，长廊内容与形式相对简单，组织长廊时主要考虑长廊地理位置、与周围环境的协调适应程度、科普推广内容的普适性以及更新周期等；展厅设计时主要考虑的是展厅软硬件设计与展览主题相呼应、对展品的保护、展览呈现方式、展览活动的宣传等，在室外做巡回展览时还要注意天气对展览活动效果的影响。两者的不同主要表现在，长廊形式更多样，既可以在室内，也可以在室外。室内长廊既可以是在固定空间打造的主题文化长廊，也可以借助馆内实体建筑的长廊、走廊打造科普长廊，如海南省图书馆利用走廊打造展示长廊以作为读者临时休憩通道、举办展览之处。室外长廊多是借助墙壁、展板等载体呈现宣传的内容形成阅读长廊、阅读墙、文化阅读角等，与周围环境相适应，打造有书香韵味的场所，达到启发、引导、教育读者的目的。展厅展示一般都会有展品陈列，在展厅设计时会考虑到对展品的保护。展览活动并不拘泥于室内，很多科普巡展活动也是在室外举行的，如位于上海交通大学的钱学森图书馆举办面向青少年的"中国航天日"航天科普活动。

本书所说展示长廊，即把二者结合起来，从事科普阅读推广活动。展示长廊作为科普阅读推广活动的展示平台与传播媒介，开展内容丰富、思想性强的文化活动，结合多种形式挖掘文化内在的艺术因子，结合周围环境，规划主题、设计宣传内容与版式，为读者打造具有文化底蕴的综合性、高品位的文化活动场所。

第三节 展厅及图书馆展览服务

展厅是以传达信息为目的的展示空间,主要由人、展品、环境三方面要素组成。根据不同分类标准,可将展厅分为不同类别。根据展期时间长短,可分为临时展厅、长期展厅、永久展厅等。不同时长的展厅对展厅环境、使用材料、拆装难易度的要求也不尽相同。根据展厅是否有固定地点,可将其分为固定展厅和流动展厅,流动展厅如巡回展厅、交流展厅等。根据数字媒体、物联网等技术的应用程度,可将展厅分为传统展厅、数字展厅及智慧展厅。传统展厅展示形式主要是实物、文字、图片等,展品放置于陈列柜或展台,部分传统展厅还会配备相应灯光、音响及视频以增强展览效果。数字展厅在展示形式和保存形式上更强调数字化,展示形式上利用影视动画、图形数字和多媒体技术带来更强烈的视觉震撼,相比传统展厅,数字展厅更注重立体性、交互性、趣味性,提高观众参与度与积极性,同时,展品以数字化形式存储有利于展品信息的保存、整理及更新,避免展品损坏。智慧展厅更强调"人"的因素,通过物联网、云计算、大数据等技术,实现对展品的智能识别、实时监控和跟踪、智能化管理,并从用户以往数据中分析观众偏好,优化、调整相关展览。

20世纪初至今,我国图书馆先后历经了两次新馆建设的高潮,在新馆建设中或多或少地将展览服务作为空间建设的一部分。2011年,《关于推进全国美术馆、公共图书馆、文化馆(站)免费开放工作的意见》要求,公共图书馆免费提供公益性讲座和展览等基本服务项目等。图书馆展览服务是指在图书馆内的一定地域空间和网络空间通过展品陈列等方式以展示科学知识、文化艺术等为主要内容的读者服务。展览已成为发掘和宣传馆藏文献、充分利用图书馆物理空间、提高公众对图书馆使用率等不可或缺的形式。

展厅的宣传推广主要可以从线下和线上两大途径展开。

1.线下宣传

展厅设计逐步完善、展品不断填充。展厅还需要多样的、内容丰富的宣传材料，具体来说可以分为宣传展架和宣传资料两种。宣传展架主要有展架、展板、易拉宝、条幅、背景墙电子投影设备等，放置在馆内显著位置或者展厅门口，并在展厅内部适当放置展品说明；宣传资料主要是对展厅整体形象设计和阅读推广主题做出的说明，比如，画册、海报、折页、手册、地贴等。

2.线上宣传

线上宣传主要有"两微一端"三种方式，即微博、微信与官方网站。通过线上宣传一方面，可以让更多的读者知晓馆内组织的阅读推广活动；另一方面，可以弥补线下宣传方式的不足，通过线上宣传，可将展品及展览活动予以更充足、详细的介绍。例如，在微信公众号上传活动详情和语音介绍，读者扫描二维码后可以对活动有清晰的了解。还可以在官方微博上设置话题，预告近期活动，或者对往期活动进行归纳总结，如金陵图书馆官方微博发布的#金图文创#话题，将近期的科普阅读活动予以预告；太仓市图书馆官方微博发布的#创意空间站#，将每期科普阅读推广活动一一发布，吸引更多读者参与其中。

第四节　乡村阅读推广服务设计创新

在我国，城市与乡村、东部与西部、沿海与内陆在经济文化发展方面存在不均衡情况，阅读推广也不例外，经济欠发达乡村地区的阅读推广活动是一项急需解决的难题，国家积极出台政策，将全民阅读提升到政策高度，农家书屋作为乡村阅读推广中的基层服务机构，对乡村整体文化建设给予有益补充，同时，也弥补了乡村阅读文化生活长期贫乏的局面。通过积极的阅读推广，将阅读置身于每个人的生活中，让阅读成为常态。

一、乡村阅读推广服务设计创新的目的

乡村阅读推广的目的是培养乡村居民的阅读习惯，向他们推荐现代积极的阅读方式和阅读理念，帮助他们掌握获取有价值信息的方式，使得他们爱阅读、懂阅读、会阅读，这样既可以全面提高乡村基层群体素质，也对推动新乡村阅读文化的发展起到了积极有效的帮助。

近年来，随着国家文化共享工程、乡村文化大院、农家书屋、送书下乡等活动的开展和不断深入，乡村文化生活不断进步，乡村居民的业余文化生活也日益丰富，从多角度进行阅读推广，采取多样化的阅读方式填补了乡村居民的空闲时间，乡村居民可以利用身边的纸质资源、数字资源不断地完善自我，提升个人能力的同时也能提高生活质量。

二、乡村阅读推广服务设计创新策略

（一）农家书屋在乡村阅读推广服务设计创新中实施的策略

1.加强文献资源建设

通过多种方式丰富农家书屋的文献资源，可以充分满足当地乡村居民的

阅读需求。除了政府的投资外，还要积极争取某些企业对农家书屋的资金支持和社会人士的捐助，积极与乡村居民沟通，选择确实为他们所需的图书资源，充分调动乡村居民的阅读积极性，增强农家书屋对于乡村居民的吸引力。

2.扩大宣传与推广

通过书评、板报、广播、光盘播放等形式介绍农家书屋图书资源中挑取的实用信息，介绍与老百姓生产生活密切相关的知识，让他们充分认识到了解阅读的重要性及阅读给他们带来的好处，从而使乡村居民主动地参与阅读活动，营造出良好的书香社会氛围。

3.服务方式多样化

农家书屋可以利用一些当地政府的宣传活动，发挥其藏书优势。可以将普法宣传、农业知识和技术培训、卫生讲座、科普宣传等活动安排在书屋进行，充分发挥理论与实践相结合方法的作用，将书本知识与现场辅导相结合，让乡村居民爱上书屋。

（二）按照不同人群实施不同的阅读推广服务设计创新策略

1.乡村少儿的阅读推广服务设计创新策略

（1）改善乡村儿童阅读环境。这主要包括少儿家庭阅读环境和校园阅读环境两个方面。

第一，父母自身良好的阅读习惯对孩子有潜移默化的影响，父母自己要养成阅读的良好习惯，尽量多给孩子买书，督促孩子阅读，提倡亲子阅读，与孩子一起发现阅读带来的乐趣。

第二，在校园环境内，要争取在班级设立图书角、创办读书社团，保证每日的阅读时间，师生之间、生生之间进行读书交流，激励和督促学生热爱读书。定期举办朗读比赛、知识竞赛、读书心得、征文比赛等活动，为学生营造浓厚的阅读氛围，激发起儿童的阅读热情，帮助他们养成爱读书的好习惯。

（2）公共图书馆助力少儿阅读推广服务设计创新。绝大多数乡村地区的中小学图书馆（室）都存在藏书数量不足、图书陈旧、藏书结构不合理、专业指导教师少等问题或者根本就没有图书馆（室）。因此，公共图书馆可建设流动图书馆解决儿童、乡村居民读书难问题。流动图书馆其实是一部装满书籍资料的车辆，为没有图书馆的中小学校及偏远地区提供服务，它具有灵活、方便、快捷、主动等特点。流动图书馆在一定程度上弥补了公共图书馆覆盖率不高、图书资源不足的缺点，推进了中小学校和偏远乡村文化建设。

（3）加强少儿阅读指导。教师、家长或图书管理员可以通过与孩子的交流和沟通，及时了解他们的阅读需求和兴趣。根据这些了解，可以有针对性地提供和推荐一些高质量、知识丰富、思想健康的书籍与杂志，以激发他们的自主阅读和学习兴趣。这种方法可以培养孩子良好的阅读习惯，增加他们对阅读的热爱，从而确保他们健康成长。

2.乡村留守妇女的阅读推广服务设计创新策略

乡村留守妇女由于丈夫外出，独自承担家务、农务，照顾老人和孩子，她们负担很重，压力也大。关注这部分人群，让她们在闲暇时开展一些文化娱乐活动，用阅读的方式使她们减压是十分必要的。在乡村地区成立各种阅读组织，如各地妇联组织在乡村成立妇女读书会，组织妇女农闲时以农家书屋为聚集地，读书看报，学知识学文化，让乡村飘着浓浓的书香。

3.乡村空巢老人的阅读推广服务设计创新策略

在广大乡村地区，空巢老人问题非常值得关注，面对子女不在身边的孤独和困苦，亲情缺乏的悲哀，因此一定要加强乡村文化建设，组织老人参与集体活动和各项娱乐活动，把自己融入社会之中。由于乡村老年人群体存在文化差异，对于他们的阅读推广可以采取有声有图的方式，发放光盘、知识画报、有声读物，广播宣传报道、志愿者上门读书等形式。针对老年人群体的特点，老年人群体精神需求则包括为健身康体而产生的对养生保健知识的需求，为愉悦心情而产生的对娱乐休闲知识的需求，因兴趣爱好而产生的对时事文化知识的需求等。这些需求，都可以通过阅读相关书籍与报刊而获得满足。

4.乡村青壮年的阅读推广服务设计创新策略

乡村青壮年在乡村建设中起着不可忽视的作用，在目前大多数乡村地区，青壮年都有一定的文化基础，在学习成长过程中已经形成了固定的世界观、人生观和价值观，相对于少儿群体、留守妇女群体和老年人群体而言，他们更有活力和激情，更善于学习，更愿意学习，对知识的渴求更加强烈。因此，乡村青壮年是乡村阅读推广的主要目标。乡村青壮年的阅读推广以提供科普类图书为主，引导他们以掌握科学技术致富，培养有文化、懂技术、会经营的现代意义上的新型农民，使他们通过阅读提高自身文化科学素质，用知识改变命运，从根本上解决乡村贫穷的问题。此外，还要加强对青壮年的技能培训，提高技术水平，保证他们更好地服务于乡村，服务于社会。在图书资源的提供上可以多推荐一些法律、道德规范、社会公德、个人素质、优生优育、科学育儿等方面的图书，可以为新型农民提高自身修养和培养优质下一代提供最佳的服务，也是充分发挥农家书屋社会服务的有效手段。

第十一章　高校图书馆概述及信息服务

第一节　高校图书馆的性质与基本职能

一、高校图书馆的本质属性

（一）学术界对图书馆属性的不同认识

任何事物都包含多个属性，但在这些属性中，存在一种基本属性。这个基本属性是某个事物或一类事物独有的，它决定了事物的本质，定义了事物的独特性，将它与其他事物区分开来。这种基本属性也被称为"事物的本质属性"，它规定了事物的本质特征。

图书馆的本质属性是图书馆本身固有的，并且对图书馆的职能、服务、机构设置、体制、任务、技术方法、发展方向等都起到制约作用的一种属性。对于图书馆的本质属性，中华人民共和国成立以后到改革开放之前，学术界普遍认为，图书馆的本质属性是它的阶级性；改革开放后，学术界对图书馆的本质属性认识虽然别除了其阶级属性，但产生了多元化的认识。

吴慰慈教授认为，中介性是图书馆的本质属性，中介性对图书馆的存在起到了决定性作用；傅正认为，图书馆是一种文化现象、科学现象，是文化和科学发展到一定阶段的产物，图书馆本质属性是社会对知识的保存、传递属性；那春光认为，图书馆的本质属性是其作为社会文献信息交流机构对文献的储存性；于鸣镝先生认为，图书馆是一个"中介机构"，但是中介性不是图书馆的本质属性，借阅性是图书馆的本质属性；还有人认为，图书馆本质属性是"知识的积累，知识的交流""文献资料的检索性""实用性""工具性";等等。但是,近年来关于图书馆本质属性的认识在"为图书馆建构新定义"的指导思想下,对高校图书馆到底是"服务性学术机构"还是"学术性服务机构"的定位进行辨析。从表面上来看,它是词语的颠倒或排序问题,但实际上它是关系到高校图书馆的定性和定位的问题。

(二)高校图书馆具有学术性与服务性属性特征

高校图书馆是"服务性学术机构"或者是"学术性服务机构",它包含了两个方面的特性,即高校图书馆的学术性和服务性,但是问题在于学术性和服务性谁是第一位的,谁是第二位的。高校图书馆是服务性学术机构,强调了高校图书馆的学术性,认为高校图书馆的学术性是第一位的,而服务性是第二位的;而高校图书馆是学术性服务机构,则强调了高校图书馆的服务性,认为服务性是第一位的,学术性是第二位的。在众多本质属性中,高校图书馆的本质属性到底是什么呢？2002 年 2 月 21 日颁发的《普通高等学校图书馆规程(修订)》规定:"高等学校图书馆是学校的文献信息中心,是为教学和科学研究服务的学术性机构,是学校信息化和社会信息化的重要基地。高等学校图书馆的工作是学校教学和科学研究工作的重要组成部分。"但是,我们认为,高校图书馆的本质属性是学术性服务机构,也就是说高校图书馆是具有学术性的服务机构。它的最本质特性还是一个服务性机构。

首先,这是由高校图书馆的宗旨决定的,读者是图书馆的中心。图书馆的一切工作都是围绕着读者而展开的,是为了使读者能充分利用文献和信息资源。服务是图书馆的基本宗旨,是贯穿图书馆发展的主线。树立"读者第一""一切为了读者"的观念是图书馆精神的精髓,是图书馆工作活力之所在。从本质上来说,图书馆服务是一种智力服务。在服务中,读者(用户)、文献(信息)和图书馆馆员(信息提供者)相交汇。其中,读者(用户)是至高无上的,文献(信息)和图书馆馆员(信息提供者)之存在,都是为了服务于读者(用户)。服务是图书馆的永恒主题,就是在任何情况下都不能动摇图书馆服务,取代图书馆服务;坚持服务是图书馆的终极目标、根本目的,是一切工作的出发点和归宿;坚持服务是图书馆一切工作的中心;坚持面向读者,读者第一,服务至上。

其次，高校图书馆的工作直接面向读者，因为它是学校的文献中心，服务于高校的教学和科研。在采购工作中，需要考虑学校的学科建设规划，咨询教学部门和科研部门的意见，以选择符合学校需求的图书、音像制品和电子资源。在分类和编目过程中，应以读者为重，便于他们查找所需信息。流通阅览阶段更是直接为读者提供服务，工作人员要协助读者查找所需资料，确保书架整洁有序，引导读者充分利用电子阅览室和各种搜索工具。此外，在提供参考咨询服务时，需要为读者提供具体指导，鼓励他们进行学术研究和开展科研。高校图书馆的各项业务都紧密围绕着为读者提供服务这一宗旨展开。

最后，高校图书馆的机构归属于服务机构。目前，高校对图书馆基本是划归为教辅机构或公共服务机构。即使有些学校没有把图书馆划归到公共服务体系中，它们也是把图书馆划归到教学和科研的辅助部门。主要原因在于：高校图书馆是服务机构，而不是科研机构。高校没有把图书馆当作学术机构来看待，也不会对图书馆馆员像对科研人员那样规定硬性的科研任务和科研指标。高校希望的是图书馆为学校的教学和科研做好优质的服务，对于一个文化教育的服务机构，高校从不指望图书馆能为学校的科研贡献多少力量。

当然，高校图书馆作为一个服务性机构与一般服务性机构有重要区别。一方面，《普通高等学校图书馆规程》规定，高等学校图书馆是学校的文献信息中心，是为教学和科学研究服务的学术性机构，是学校信息化和社会信息化的重要基地。因此，图书馆在行政隶属关系上从属于文化、教育和学术机构，它是向读者、用户或消费者提供文献或文献信息等学术性的消费产品。另一方面，图书馆诸多古文献研究、检查事实型文献课题服务、各学科的文献集群分析等工作都是学术性工作。很多图书馆或图书馆馆员都有一定的科研成果。此外，图书馆还是文化活动、学习提高、学术探讨、学术交流以及学术研究的场所。但是，不管高校图书馆的科研成果如何，它几乎所有的科研性成果都是为高校教学和科研服务的。因此，学术界认为，高校图书馆与一般服务性机构的区别就在于高校图书馆是一个学术性的服务机构，而非营利性服务机构。

二、高校图书馆的一般属性

（一）中介性

图书馆学界有学者认为，图书馆的本质属性是它的中介性。但是，于鸣镝先生则认为，图书馆的本质属性不是中介性。中介性是包括图书馆在内的一切中介机构的基本属性。换句话说，中介性是图书馆的一般属性，因为图书馆收藏的主要是图书文献，图书文献是用来服务于读者的。在图书文献和读者之间，图书馆始终处于流通领域的地位，通过图书馆在读者和图书文献之间搭建了一座桥梁。也就是说，图书文献是借助图书馆传递的，而读者则需要借助图书馆获得自己所需的文献资料。因此，图书馆就成为文献传递的中介物。有学者指出，图书馆的中介作用，主要体现在它能实现文献部分内容价值和使用价值，使用户能通过图书馆获得所需的文献信息，为文献信息价值的开发与利用提供渠道。信息化社会的到来，以及电脑、网络技术在图书馆的应用，使图书馆走上电子化、数字化、虚拟化的发展道路，未来的数字图书馆将在网络信息的虚拟链接和信息的保存方面担负起其他信息机构无法承担的责任。图书馆的中介性还会得到加强。

（二）教育性

1918年，美国图书馆学家杜威先生就指出：图书馆是一所学校，图书馆馆员是广义的教师，因为图书馆是通过文献资料传播科学文化知识，为读者提供终身教育，以促进社会和谐发展。现代教育通过多种多样的渠道培养学生的实践能力，而图书馆是培养学生实践能力不可或缺的一环。有人认为，课堂教育是大学生的主要教育方式。

在课堂教学中，学生主要学习的是基础知识和专业知识，但受时间和专业的限制，这种课堂教育往往具有单一性和一定局限性，其信息容量和覆盖面比较小。而图书馆教育是一种多元性和开放性的教育，信息容量和覆盖面都比较大。它实施的教育是课堂教育无法比拟的，因此图书馆教育是课堂教育的重要补充。而且，图书馆培养的实践能力包括文献检索能力、利用文献资料的能力和自学能力，这是其他教育形式都替代不了的。因为一方面，学生分析问题、解决问题和动手实验的能力，都可以通过课堂教育和实践教育培养；另一方面，学生查阅文献、整理文献、综合文献的能力，只能通过图书馆教育的方式获得。图书馆的教育方式灵活多样，既包括推荐文献资料、辅导读者阅读，也包括举办各类讲座、学术报告会、办培训班等各种活动。通过图书馆教育活动可以激发读者的学习兴趣，满足读者对各种知识的需求。读者还可以通过利用图书馆的文献资料不断提高自己的综合素质，以满足社会科学技术发展对读者的需求。图书馆教育既是学校教育的补充，又是学校教育的继续，因此图书馆是人们终身受教育的场所。

（三）准公共性

图书馆作为一种集收藏和传承人类社会精神文明成果于一体的社会文化组织，其服务对象是全体社会公众；另外，图书馆经费主要来自政府财政预算，它作为政府投资的公共物品，应该由全体社会成员共同享有、共同消费、共同受益，因此它具有效用上的共享性、受益上的非排他性、消费上的非竞争性。其固有的性质和职能决定着其社会公益性特性，决定着其担负着提供公共产品或公共服务的根本属性和职能，图书馆理所当然应由政府把它作为一项公共产品提供给社会。图书馆应该是公益性的、非营利性的文化事业机构。作为公益性、非营利性机构，图书馆具有非排他性和非竞争性，符合公共物品的基本特征。因此，图书馆的属性中包含着公共物品属性的成分。

图书馆的固有属性是公共性，其功能和提供的产品都是为全体社会成员提供公共服务的。图书馆作为一种公共资源，如果它脱离了公共属性，那么其本身具有的优势资源就不能充分发挥作用，也不能充分为人类社会的发展服务。不过，目前高校图书馆的消费对象有严格的界限，就是本校教职工和学生。本校教职工和学生是高校图书馆最主要的读者与消费者。

大学新生从入学开始就要学习有关如何利用图书馆方面的知识，并且办理借阅证，成为图书馆的正式读者。本校教师可以随时办理借阅证，免费入馆借阅。但是，对校外人士来说，他们是不能进入高校图书馆成为其读者的。即使根据市场原则收费也不可以成为高校图书馆的正式读者。因此高校图书馆的消费具有排他性。但是，由于高校的办学经费来自政府的财政预算和拨款，高校图书馆的经费主要来自高校的财政预算和拨款，高校图书馆和公共图书馆一样，获得一种公共性。高校图书馆的消费特征没有纯粹公共产品同时具备的非排他性、非竞争性特征，也没有私人产品同时具备的排他性和竞争性特点。它是在一定的消费规模内具有排他性与非竞争性特点，因此高校图书馆是一种介于纯粹公共产品与私人产品之间的准公共产品。

（四）学术性

前文中，我们认为，图书馆是学术性的服务机构，服务性是其本质属性。但是，我们不能因为图书馆是一个服务机构，而否认它的学术性。事实上，图书馆与其他的服务机构根本不同的地方恰恰就是它是一个学术性的服务机构，而其他机构却不具备这样的特性。

因此，学术性应该是高校图书馆的一般属性。有人指出，一方面，任何一个科研工作者在从事某项科研工作的时候，总是首先对所选的课题进行大量的调研活动，了解它的研究历史、目前的研究水平及今后的发展趋势，以此作为定题的依据和进行科研创造的参考，使科研工作在前人已取得的基础上进行。这种科研前的准备工作，就是以文献调研为主的学术活动。图书馆完整、系统地保存了记录人类知识和智慧的文献资料，是文献调研活动的主要承担者。另一方面，图书馆的各项工作，如图书的分类和编目、组织管理、文献检索等都具有一定学术含量。这些工作要求对图书馆的文献资料、读者以及各项工作的技术方法进行深入的研究，从而摸索出规律性，不断提高工作质量和效率。特别是，现代化图书馆的建设更需要研究新技术条件下图书馆的办馆理念、工作程序、技术方法等方面，以满足社会对图书馆文献信息服务工作的需求。

因此，学术性是图书馆工作的重要特征，虽然学术性不是高校图书馆的本质属性，但它是高校图书馆的一般属性。

（五）社会性

所谓社会，是指由一定的经济基础和上层建筑构成的整体，也就是通常所说的社会形态。社会的另一个含义，是泛指有共同物质条件而相互.联系起来的人群。图书馆的社会性，是指它作为人创造的社会机构，在其发展过程中体现出不同社会形态的特点。图书馆作为人们共同使用人类精神财富的一种组织形式，具有明显的社会性。

1.图书馆的文献具有社会性

图书馆的文献是一种综合性的文化资源。这种文化资源是人类共同创造的精神财富，它集聚了古今中外人类创造和积累的知识，是人类智慧的结晶，是人们征服自然、改造自然和人类社会的历史过程的记录。同时，这些文献资料又通过图书馆一代一代地积累起来、继承下去，在社会上广泛地传播和应用，人们从中吸取各种科学文化知识，从而推动社会创造更多的精神财富和物质财富。

2.图书馆的服务对象具有社会性

图书馆是人们利用文献的场所，虽然各具体的图书馆有自己的服务范围和服务对象，但从总体来说，图书馆是向全社会开放，为所有的社会公众服务的。高校图书馆的主要服务对象是广大师生，他们来自各个地方、各个不同的家庭，来自社会各个阶层、各个行业，具有广泛的社会性。高校图书馆的服务对象呈社会化趋势，出现了校内校外多样化的读者群体。在校内，面对的不仅是普通的高校学生和教师群体，还是综合素质、社会经历、职业年龄之间的差异不断凸显，具有不同学习目标、不同学习需求的成人教育、职业教育、高教自考等不同类型教育的学生与教师群体；在校外，需要面对政府部门、各类学校、企事业单位等众多不同需求的特殊读者群体。

三、高校图书馆的基本职能

第一，建设包括实体馆藏和网络虚拟馆藏在内的文献信息资源，对文献信息资源进行科学的加工整序和管理维护。

文献信息资源是图书馆工作的基础，高校图书馆应该根据学校教学、科研的需要，结合馆藏特色及地区或系统文献保障体系建设的分工，在文献采集中兼顾纸质文献、电子文献、其他载体文献以及文献使用权的购买，保持重要文献和特色资源的完整性与连续性，注意收藏本校的以及与本校有关的出版物和学术文献。同时，图书馆必须积极开展特色数字资源建设和网络虚拟资源建设，整合实体资源和虚拟资源，形成网上统一的馆藏体系。对于采集到的文献信息资源，应该根据国家和图书馆的有关规定与标准及时进行科学的加工整序、组织布局，并尽快发布馆藏信息，使读者通过完善的文献信息检索系统迅速获得信息，以满足需要。

第二，做好流通阅览、资源传送和参考咨询工作，积极开发文献信息资源，开展文献信息服务。

文献流通、阅览等服务，是图书馆读者服务工作的最基本任务，读者绝大多数的需要都可以通过这些服务得到满足。现代化技术手段在图书馆工作中应用得越来越多，图书馆应积极利用新技术拓展传统服务领域，实现网上预约、续借、文献传递等网络文献信息服务。随着图书馆从文献管理向知识管理的转变，针对读者一些特殊的需求，图书馆必须深入开发文献信息资源，提供读者文献信息定题检索、信息编译和分析研究等个性化的信息服务，满足读者在教学和科研方面的不同需要，同时，也提高了各种文献的利用率。

第三，开展信息素质教育，培养读者的信息意识和获取、利用文献信息的能力。

高校图书馆是学校信息化和社会信息化的重要基地，具备人力资源、信息资源和信息基础设施的优势，有义务、有责任通过入馆教育、开设文献信息检索与利用课程以及其他多种手段，对大学生进行信息资源素质教育，逐步培养大学生掌握信息的获取、鉴别和利用能力。为培养面向21世纪的新型人才做出贡献。

第四，组织和协调全校的文献信息工作，实现文献信息资源的优化配置。

高校图书馆是学校的文献信息中心，院系资料室是全校文献保障体系的组成部分，图书馆要做好分工协调工作，根据自身的性质和承担的任务，各自有所侧重地进行文献信息资源建设，将有限的文献购置经费用好、用足，尽量避免浪费。图书馆还要对资料室的文献服务工作进行业务指导，实现校内文献信息资源的共建、共知、共享，发挥文献资源体系的整体特点，提供充足的文献供广大教师和学生使用，充分保证他们教学和科研的需求。

第五，积极参与文献保障体系建设，实行资源共建、共知、共享，促进事业的整体化发展，同时，开展各种协作、合作和学术活动。

图书馆要积极参与文献保障体系建设，逐步形成具有本校特色的馆藏体系。图书馆需要充分利用现代化技术，加强与其他类型图书馆、其他地区图书馆的联系和合作，将自己纳入整个文献信息服务体系中，建立协同服务网络，实现相互之间的优势互补和资源共享，为本校的读者提供更加丰富、完善的文献信息资源和服务，并满足校外合作单位的读者对本校文献信息资源的需求。

高校图书馆具有服务性和学术性。随着新技术在图书馆的应用和社会环境的改变，高校图书馆要研究在新形势下如何适应时代的需要，更好地开展工作，从而推动高校图书馆事业不断向前发展。

第二节 我国高校图书馆信息服务概述

高校图书馆是高校的一个组成部分，它必须服从于高校的基本职能。高校的基本职能是贯彻执行国家的教育方针，为社会主义现代化建设培养德、智、体、美等各方面全面发展的人才。因此，高校图书馆应积极采用现代化技术，实行科学的管理，不断提高业务工作的质量和服务水平，最大限度地满足读者的需要，为学校的教学和科研提供切实有效的文献信息保障。

一、高校图书馆信息服务的现状

高校图书馆在高校中扮演文献信息服务的关键角色，是教学科研的技术支持中心，也是全面信息资源的集散地。随着计算机技术和网络环境的不断发展，高校图书馆面临着新的挑战和机遇。

我国高校图书馆在标准化水平和物质基础方面已经取得了显著进展，也开始逐步应用电子计算机技术提高各项工作的效率。然而，与公共图书馆相比，高校图书馆很少对社会开放，更专注于为师生提供科研信息资料。这导致了图书馆的信息资源大量闲置。在知识经济时代，公共图书馆已难以满足读者的需求，因此各种用户迫切需要更广泛的信息来源。高校图书馆拥有大量高质量的文献信息存储，具备满足社会读者需求的物质条件，但受到体制限制，目前尚未向社会提供服务。

目前，我国高校图书馆面临着一些普遍问题。其中之一是图书馆的经费增长无法跟上书刊价格上涨的速度，导致新书订购量减少、文献资源老化和质量下降等问题。这些问题已经严重影响了高校图书馆的馆藏建设，并可能影响到其基本职能的履行。此外，基础设施和设备的老化以及更新进展缓慢也妨碍了图书馆现代化进程的推进。

一般高校图书馆的自动化水平还处于初级阶段，数据库建设规模有限，网络化环境尚未充分发展，因此信息资源的共享程度非常有限。尽管一些高校图书馆已经开始实施图书管理的自动化和网络化,但系统功能相对简单,数据的标准化和规范化仍有改进的空间,软件的通用性和成熟性也需要进一步验证与完善。

高校图书馆的科学管理水平和服务质量在很大程度上受到图书馆员工素质的影响,这是一个潜在问题。高校图书馆在高校中的地位相对较低,人员流动较大,核心员工不断流失,整体素质相对较低。在网络环境下,各种新技术的应用对图书馆员工提出了更高的技术要求,这对高校图书馆来说是一项重要挑战。因此,提高员工的技术素养和管理水平是高校图书馆需要面对与解决的问题之一。

二、高校图书馆信息服务存在的问题及对策

(一)高校图书馆信息服务存在的问题

1.信息资源结构不合理

我国高校图书馆的信息资源主要有以下几类:纸质文献资源、电子资源和网络资源。其中,纸质文献资源是高校图书馆所占比例最多的资源,包括纸质图书、纸质报纸以及期刊等;电子资源包括数据库、缩微资料、多媒体资料及电子书等。网络环境下,网络资源的丰富性及便捷性深受用户的青睐,网络论坛、博客、在线学习社区的出现,使得用户可以在网络上发表自己的观点,将自己的隐性知识转化为显性知识。此外,随着百度百科、知乎及网上学术论坛的发展,其内容的学术性和可靠性越来越得到用户的信任,成为用户参考的一大信息来源。尽管我国高校图书馆近年来开始更加重视电子资源的采购,但从资源比例来看,纸质文献仍然占据主导地位。在网络资源方面,高校图书馆通常仅提供一些站点链接,而没有深度组织和编辑网络资源,也未建立相关的网络资源库。

2.信息服务内容深度不够

从前述分析可以得出结论,我国高校图书馆的用户信息服务包括传统的文献借阅和参考咨询、Web2.0信息服务以及学科服务等多种形式。尽管高校

图书馆提供的信息服务内容丰富多样，但总体来说，它们主要侧重基础性信息服务，缺乏深度。随着现代技术的迅速发展，用户的信息需求也在不断演变。特别是，在知识经济时代，用户不仅仅需要获取原始文献，更希望图书馆能提供经过加工处理的知识性资源。

关于高校图书馆的信息推送服务，目前主要包括馆内新闻公告、馆情介绍以及网络资源的抓取。然而，这些网络资源并没有经过深入加工和规范化组织。

学科服务的初衷是实现学科馆员与科研人员之间的紧密连接，将学科服务直接送达院系和科研团队。然而，在实际服务中，图书馆馆员的知识结构限制了他们在学科服务方面的表现，因此通常只能提供一些基本的文献检索服务，学科服务的水平相对较低。

3.信息服务用户反馈不足

用户反馈对于改进图书馆服务和提高服务质量至关重要，也是评估图书馆信息服务质量的一个重要标准。目前，我国高校图书馆通过馆长信箱、用户问卷调查、电子邮件等方式收集用户的意见和建议。然而，用户反馈通常集中在对图书馆整体服务的意见，较少涉及具体的信息服务。此外，图书馆在处理用户反馈时存在一定的滞后性，未能及时解决一些问题，这可能导致用户的反馈积极性下降。信息服务领域的不足反映出图书馆与用户之间存在严重的双向信息不对称，用户的需求难以传达给图书馆，图书馆提供的服务也未能最大限度地满足用户需求，这导致了供需之间的差距逐渐扩大，用户对图书馆信息服务的利用积极性逐渐减弱。

（二）高校图书馆用户信息服务改进策略

根据分析，我国高校图书馆的用户信息服务存在一些问题，包括信息资源结构不合理、信息服务内容深度不够、信息服务用户反馈不足等。为了有效解决这些问题，高校图书馆可以采取以下改进措施。

1.加强信息资源建设

（1）增加电子资源。高校图书馆应在保留一定纸质资源的基础上，加强电子资源的建设，特别是购买学术型数据库和数字化馆藏资源。

（2）建设学科资源导航数据库和特色数据库。根据用户需求，图书馆应有效收集和整合信息资源，规范处理数据，并建立学科资源导航数据库。同时，针对本校的专业学科和科研重点，建立特色数据库。

（3）组织和整合网络信息资源。鉴于网络环境中信息资源数量庞大且更新迅速，图书馆应加强对网络资源的分类整理和标引，组织学术类网络资源，提供用户友好的网络学术资源库。

（4）加强资源共建和共享。各高校图书馆具有不同的资源特色，因此应促进高校图书馆之间的资源共建和共享，既能节约建设成本，又能丰富用户的信息资源获取途径。

2.深入挖掘信息资源，提高用户服务深度

高校图书馆用户的需求已超越了基础性信息服务，因此，高校图书馆需要深化信息资源的开发，以提供更具深度的知识型信息服务。以下是改进措施。

（1）丰富服务内容。高校图书馆应加强信息服务的深度，采用学科馆员的方式，积极融入用户的教学和科研团队，为用户提供更具针对性的信息资源。这样，可以满足用户在教学和科研方面的需求。

（2）创新服务方式。高校图书馆应运用信息推送技术和信息传播技术，及时向用户推送符合其需求的信息资源。这种定制化的信息推送可以提高用户的信息获取效率。

（3）建设个性化信息服务系统。高校图书馆可以借助大数据分析用户的信息行为和偏好，建设个性化信息服务系统。该系统将为用户提供符合其兴趣和关注领域的信息资源与服务，从而更好地满足其需求。

3.做好用户调查，多种渠道及时收集用户反馈信息

随着社会的不断发展和信息环境的变化，用户的信息需求和偏好也在不断演变。为了适应这种变化，高校图书馆需要建立有效的用户反馈机制，以确保提供的信息服务与用户的需求保持一致。这一机制不仅有助于客观评估图书馆信息服务的质量和效果，还能帮助高校图书馆合理配置资源和人员，提高服务水平。

为建立有效的用户反馈机制，高校图书馆可以采取以下措施。

（1）定期进行用户调查。通过定期进行用户调查，使用调查问卷和用户访谈等方法，收集用户的反馈信息。根据反馈内容，及时调整服务方式和服务内容。

（2）用户参与服务设计。高校图书馆可以邀请用户参与服务设计过程，确保用户的需求在服务设计中得到充分考虑，避免出现双向信息不对称的情况。

（3）利用志愿者力量。借助志愿者的帮助，建立图书馆与用户之间的有效沟通渠道。志愿者可以及时反馈用户的意见和建议，帮助图书馆改进服务工作。

第三节　新媒介环境下高校图书馆信息服务模式

高校图书馆在教学和科研中扮演着重要的角色，它根据教学和科研需求，广泛收集、整理和提供各种文献信息，以服务广大师生。近年来，随着信息资源结构和职能的改变，尤其是因特网的出现，图书馆的信息服务发生了深刻的变革，带来了多项新的发展。以现代计算机网络为基础，图书馆信息服务逐渐实现了电子化、网络化，并丰富了馆藏资源的多样性。

一、网络环境

（一）网络环境的内涵

"网络空间"一词，最初由科幻作家吉布森在他的著作《神经漫游者》中首次提出。它原本描述了分散在各地的电脑用户每天在虚拟环境中体验的一种集体幻觉。而在当今语境下，网络空间指的是通过电脑建立的、连接世界各地人们的网络系统，这些网络既可以独立运作，也可以相互连接，用于传输和接收信息。这种网络系统能消除地理和时间上的限制，它不仅包括了我们通过网络感受到的虚拟世界，还包括了由人工创造的虚拟现实情境。

1.技术意义上的网络空间

技术意义上的网络空间主要体现在通信节点之间的电磁场。通信本质上是一种互动的空间关系，包括机器之间的信号交流、人与机器之间的信息互动，以及人与人之间的意义传递。网络通信依赖的物理基础相对简单，但数据结构和节点拓扑关系相当复杂。通过特定算法和协议，非反思性的经验和构想被转化为特定瞬时的电位或磁场组合，以数字脉冲的形式进行编码、存储、传输和解码，从而构建了数字化的世界图像。在这个意义上，网络由一系列计算终端和连接构成的电子回路组成，这些回路用于流动数字化的世界描述信息。

2.交往意义上的网络空间

网络为人际互动提供了新的舞台，使其成为有效的交往空间。数字技术的发展让传统地理边界，如河流、海洋甚至石墙不再是限制，网络空间使距离变得相对无关紧要。在网络空间中，距离感逐渐减少，互联网社区将成为日常生活的主要组成部分，其人口结构也会逐渐反映全球的多样性。电子邮件和网络信息沟通已经成为网络上最常见的应用之一，随着这些工具的普及，新的网络交往方式也应运而生。

互联网正在建立一个全球网络，将数以亿计的节点连接成一个有效的网络。这些节点在复杂的语义网络中相互连接，形成了有着地理特征的意义空间。通过超文本网络，网络用户可以参与交流，将文化实践融入虚拟空间。卡斯特在他的著作《网络社会的崛起》中使用了"流动的空间"这个词来描述这一情况，强调了空间是时间（历史）的凝结，其结构反映了社会实践的发展方式。

尼葛洛庞蒂指出："网络的真正价值与信息无关，而与社区有关。信息高速公路不仅代表了使用国会图书馆中的每本藏书的快捷方式，而且正在创造一种崭新的全球社会结构。" 吉登斯则强调，个体行动和社会结构的形成不是相互独立的现象，而是相互关联的。他认为，社会系统的结构性特征既是实践的中介，也是实践的结果。就个体而言，结构并非外部因素。在这种情况下，制度化实践是指在时空中深刻扎根的实践活动。

虽然互联网呈现的是一个扁平空间，但毕竟是一个空间。人们在互联网中的互动不得不留下痕迹，也就是说行为一旦发生，不经意间就留下了占有标示物，而不需要特意地去构建占有标示物。随着在这里活动的人越来越多，随着在这里沉积的人们的活动越来越多，BBS 中会形成一个结构——这个结构首先具有虚拟性；其次，这个结构是随着人们的进一步行为而不断变动的，即人际交往活动的不断变动使得网络空间结构具有了流动性。

（二）网络环境的特点

在信息时代，一方面，网络环境必定与政治环境、经济环境、文化环境、技术环境、自然环境等相互影响，相互渗透，共同构成人类社会发展的总体环境；另一方面，网络环境在促进社会信息化的过程中具有突出的作用，显现出鲜明的特点。

1.互联性

在网络环境下，高速信息网络已经成为信息传递的中枢，也是其他信息网络建设和发展的基础。它不仅连接了各主要站点，还将各种通信设施和网络相互联系，包括电话、传真、计算机、数据库、有线电视、计算机网络、打印机、卫星、光缆等。人们通过高速信息网络传播、发送和接收各种多媒体信息，实现了实时互动。网络用户既是信息资源的消费者，也是信息的生成者和提供者。

2.广泛性

一方面，网络环境的建设并非某一领域或某些部门的事情，而是面向全社会的工程；另一方面，网络环境的建设并非某一国家或某一地区的事情，而是全球性的事业。如果由分布在各单位、各地区、各国家的局域网、城域网、广域网构成的高速信息网联系起来，真正做到网络到户，那么整个世界将成为一个整体的信息交流系统，不同地域的界限将变得模糊，"数字地球""地球村"的设想将成为现实。

3.共享性

在网络环境中，资源共享是一项重要特征。这种共享包括以下几个方面。

（1）数据资源共享。网络用户可以共享网络系统中的各种数据资源，这意味着它们可以访问和利用存储在网络中的数据。

（2）硬件资源共享。网络用户可以共享网络系统中的各种硬件资源，例如，计算机和外围设备，这使得多个用户可以共享这些硬件资源，提高了资源的利用效率。

（3）软件资源共享。网络用户可以共享网络系统中的各种软件资源，包括应用软件、工具软件、系统开发支持工具和语言处理程序等。

（4）信道资源共享。信道资源共享包括固定分配信道、随机分配信道和排队分配信道等不同方式，用于在网络中共享通信信道，以满足不同用户的通信需求。

4.智能性

在网络环境下,圆形的地球将如同一个具有智慧的大脑,每个角落都将能通过分布式智能网络的联系利用信息。高速信息网是信息技术的集大成者,例如,在通信领域将出现人工智能网络,当网络提供的某种服务因故障中断时它可以自动诊断故障,恢复原来的服务;在计算机领域第六代计算机将具有人的思维功能,超级智能芯片、神经计算机、自我增值数据库系统、智能多媒体、智能信息系统等将得到发展。

5.虚拟性

加拿大作家威廉·吉布森创造的术语"赛博空间",生动地表达了电脑、人类思维以及网络文化之间的紧密联系。这个赛博空间被描绘成一个思维和信息的虚拟世界,它以高速信息网络为基础,通过计算机实现人与人之间的情感和文化交流,无须面对面的接触。这一概念已经融入了人们的日常生活,体现在网络办公、网络商务、在线出版、远程教育以及在线娱乐等各种网络活动中,呈现出虚拟现实的特点。

6.开放性

在网络环境中,高速信息网实际上是一个由众多网络组成的开放的"网际网"。这个网络具有非中心化、个人化和自由组织的特点。它允许不同厂家、不同型号、不同操作系统的计算机共存于同一个网络中,同时,也允许不同网络之间相互连接,并通过网际协议传输数据。这个系统没有任何一个人能完全拥有,也没有任何一个组织能绝对地控制,它的节点是开放的。高速信息网支持多种交流模式,包括一对一、一对多、多对多等,同时,还可以交替地进行信息发送和接收。

7.辐射性

网络环境在政治、国防、工业、农业、金融、商业、交通、医疗、文化教育、社会服务等各领域产生了深远影响,引发了各种带有网络特征的社会文化现象。举例来说,工厂生产管理的网络化提升了企业的生产效率和管理质量;办公网络化提高了机关的办事效率和管理质量;科学研究的网络化能将各国专家联系到一起共同解决问题;教育的网络化将改变现有的教育方式,创造出生动活泼的学习环境。

8.竞争性

在网络环境下,越来越多的国家认识到,如果不通过网络与外界联系起来,就有可能在未来的经济发展中处于劣势,因而竞相建设国家信息基础设施已成为潮流。许多国家在高速信息网建设方面还引进竞争机制,除政府有一定投资外,也鼓励公司、企业参与投资,与政府共担风险,共享成果。许多公司、企业还利用网络开展广告宣传、商品购销、金融业务,加快周期循环,节省时间,降低成本,创造较高的利润。

9.复杂性

由于人类社会的复杂性,网络环境作为社会环境的重要组成部分也表现出了复杂性。这包括以下方面的问题:信息不平等导致信息资源的不均衡分布和信息流通的不均衡,导致不同国家、地区和社会阶层的人们从信息中获益的程度存在差异;信息泛滥使人们在短时间内接收到大量信息,难以有效处理;信息污染扰乱了正确信息的使用。

10.动态性

网络环境在不断发展着,信息需求的增长和信息技术的进步是其发展的强大推动力。社会的高速信息化,必然要求网络具有大容量、高速度、高保真、高可靠、超小型、高覆盖等特点,因而许多国家制定了不同阶段的网络建设目标,使得高速信息网朝着数字化、宽带化、综合化、潜能化、个人化迈进,网络信息资源将更加丰富,网络服务活动将更加多样,网络用户群将更加壮大,网络人文环境将更加优化。

(三)网络环境的构成要素

网络技术是构建网络社会和网络环境的基础。麦克卢汉这位著名的传媒学家曾指出,技术通常会塑造新的人类环境。然而,网络技术与其他技术不同,因为它创造了一个全新的世界和环境,前所未有。在网络中,人们可以进行互动和交流,就像在现实世界中一样,他们可以直接参与各种活动。最重要的是,网络不再是一个机器的生态系统,而是充满了人的参与和活动,它构成了一个社会关系网络,而不仅仅是机器和计算的集合。这种人与网络的有机融合最终创造了拟社会化的网络社会和环境。今天,互联网已经成为人们交流和互动的主要场所，是人们工作和生活中不可或缺的一部分。

网络环境通常包括网络主体、网络信息、网络基础设施、网络政策法规和网络文化等要素。

网络主体在网络环境中扮演着关键角色，是影响其他网络要素的决定性力量。网络主体负责建设互联网，运营网络企业，发布、处理和接收信息，以及监管网络系统等任务。网络主体通常包括政府、企业、网民和国际组织。其中，网民是最庞大、最活跃但相对不稳定的网络主体，他们的在线行为对网络环境具有重要影响。

网络信息是网络环境的基石，互联网因为拥有丰富的信息而显得充满活力。然而，并非信息越多越好，信息的质量也至关重要。健康、有益的信息对人们有益，而有害信息则会影响网络的可持续发展。因此，维护网络环境的关键之一是净化网络信息。

网络基础设施是网络环境中的关键要素，包括网络设备和网络技术。网络的构建依赖于服务器、电脑、输入输出设备、网络连线、网卡、调制解调器等网络设备。同时，网络技术也至关重要，它使这些设备能相互连接，形成网络，并提供信息的处理、存储和传输能力。然而，网络技术具有双重性质，它既可以造福人类，也可以被滥用于犯罪活动，威胁网络的发展。因此，如何正确对待和使用网络技术至关重要。

网络政策法规和网络文化是网络环境中的协调要素，它们虽然不是具体实体，但在网络环境中发挥着重要的作用。网络政策法规包括新的网络法律和现有的法规政策，它们为网络环境提供了法律依据和规范。与此不同，网络文化是一种浸润性的影响，它植根于网络社会中，潜移默化地引导和规范人们的行为。网络文化强调自由、平等、共享、兼容和多样性等价值观，这些价值观不仅构成了网络文化的核心，还规范着人们在网络环境中的行为。良好的网络文化有助于塑造健康的网络环境。

网络环境是人类创造的一种人工环境，它的各方面都受到人类的影响和控制。这种人工环境具有高度的可塑性和可控性，人们在网络发展过程中可以灵活调整和管理。另外，网络环境与社会的其他子系统有着密切的联系和互动。因此，在发展网络时，不能只关注网络本身，还需要考虑其与社会环境的关系。解决网络问题时，也需要考虑社会环境的支持和影响。

二、网络环境下图书馆信息服务的变化与挑战

在知识经济时代，信息服务领域面临竞争，决定胜负的是核心能力而非规模。图书馆应增加信息产品的技术含量，加速高科技服务手段的发展，提高服务质量和效益，以更好地发挥作用。网络环境下的竞争既是发展机会，也带来新挑战。

（一）服务手段数字化和网络化

网络环境下的信息服务既要求信息资源的全面丰富，又要求信息传递的迅速快捷，因此就要求数字化的信息服务。其特点是：收藏数字化、操作电脑化、传递网络化、信息存贮自由化、资源共享化和结构连续化。

（二）信息服务产品知识化、个性化、多样化

用户需要个性化的信息服务，这为高校图书馆带来机遇和竞争。高校图书馆应积极拓展个性化服务，满足不同社会群体和知识结构的需求，创新服务方式，提升服务水平。为满足市场经济竞争的信息需求，图书馆扩展了文献信息的收集、存储和开发功能。它们提供原始文献信息资料，同时，增加服务项目，如定题服务、编译服务、决策咨询服务、查新服务和专题检索等。图书馆也积极更新丰富自己的网页，这些网页是另一种信息产品和服务手段。在网络环境下，用户需求广泛且高层次，不仅需要书刊文献信息，还需要经过重新构建和组合的知识与信息。

（三）信息服务范围与用户市场化

近年来，图书馆信息服务的特点之一是服务范围和用户更加市场化，因此现代图书馆的信息服务更多地涉及市场运作。图书馆的信息服务进入了新的阶段，信息产品已成为图书馆在信息市场中独立存在的象征。信息营销和信息经纪人的概念也逐渐在图书馆学研究中引入。

传统的封闭式图书馆工作方式已经在新时代发生了巨大的变革。基于网络，现代图书馆信息服务具有以下特点：提供更快速、更广泛、更高质量、更丰富的信息，及时为科研部门提供最新的综合信息，提供全面高效的各类信息检索服务，开展专题信息服务。

面对这些挑战，高校图书馆作为知识和信息的核心机构，需要不断调整以适应时代需求，提升工作效率和工作质量，改善服务环境，持续增强服务能力。

三、网络环境下高校图书馆信息服务的主要模式

（一）信息检索服务

在网络环境中，信息检索服务包括结构化信息检索、全文检索、异构数据源的检索、概念检索、多媒体检索等多种形式。为提高检索效率和结果分类排序，可引入智能化代理系统帮助用户个性化筛选信息。系统通过用户背景和行为跟踪，以及反馈信息，识别未表达的意图，结合用户特征对检索结果进行更好的分类和排序，以满足用户需求。

信息检索服务包括元数据检索、统一检索、关联检索和多媒体检索等技术。为提高信息检索质量，图书馆等信息服务机构需要在这些关键技术方面取得突破。

（二）数字化参考咨询服务

数字化参考咨询服务是通过人力资源和互联网提供的信息服务，包括Help系统（帮助系统）、FAQ（Frequently Asked Questions，常见问答）信息服务、非实时网上参考咨询系统、实时网上参考咨询系统以及同步浏览页面的咨询系统等形式。这些服务的关键技术如下。

1.FAQ库的建立与管理

FAQ库是一个关系数据库，用于存储常见问题及其解答。用户可以通过SQL语句（对数据库进行操作的一种语言）进行查询。随着用户的使用，咨

询员可以不断了解到新的问题，然后将这些新问题和答案添加到数据库中，以不断充实 FAQ 库。为了实现这一目标，可以考虑采用自动添加新条目的方式。当用户提出的问题在问题库中不存在，或者用户通过非实时咨询平台进行咨询时，系统可以自动收集这些问题，并将它们提供给咨询员。咨询员将问题规范化并提供答案后，系统可以自动保存该条目。

2.实时参考咨询平台

实时参考咨询平台的功能类似于聊天室，但有所不同的是，这个聊天室采用了一对多的模式。在咨询员的管理界面上，他们能实时查看来自不同终端的连接和提问，并立即进行回答；而在用户的界面上，他们只需要看到与管理员之间的对话记录。这种交互模式使咨询更加便捷和高效。

3.Co-Browsing 技术

Co-Browsing（共同浏览）是指图书馆馆员可以与远程用户一同浏览网页，这个功能在指导用户如何使用网络资源时非常有用。例如，当用户使用数据库时，图书馆馆员可以向用户提供已经制定好的检索策略，并在需要时随时提供指导。这种技术在 Web（多媒体）呼叫中心中已经得到了广泛应用，并取得了一定成果。

上述各项服务虽然独立存在，但彼此相辅相成，共同构建了数字图书馆参考咨询服务系统。

（三）个性化推荐服务

个性化推荐服务是一种高级信息推荐方式，利用多种数据分析技术，根据用户的兴趣信息，主动向用户提供他们需要的、之前未获取过的知识资源信息，并根据用户的反馈不断优化推荐结果。这个服务涉及广泛的技术和复杂的系统实施，以下是其中一些关键技术的介绍。

1.用户兴趣建模

用户兴趣建模是指通过多种途径获取用户的兴趣信息，例如，通过表单收集、跟踪用户的在线行为，以及获取用户的背景信息等方式，然后利用这些信息构建用户的个性化描述模型。

2.用户兴趣聚类

用户兴趣聚类是指比较用户之间兴趣的异同，计算某一用户与哪些用户具有相似的资源偏好。根据用户兴趣聚类，可以把用户划分成兴趣小组，进行协同推荐。

3.基于内容过滤

基于内容过滤是指通过提取用户过去访问资源的特征，创建用户兴趣描述，并与新资源的特征进行比较，以确定是否与用户的兴趣相匹配。如果匹配，则向用户推荐该资源。基于内容的过滤系统的关键在于用户建模，即识别不同用户的兴趣和目标，然后创建相应的用户兴趣模型，以便提供个性化服务。

4.协同过滤

协同过滤是指不考虑资源内容的具体形式，只通过用户对某些资源的评价比较用户之间的兴趣相似度，根据他们与其他用户之间的兴趣相似度和其他用户对资源的评价及时进行资源的推荐共享。

（四）信息定制服务

信息定制服务是一种用户根据自己的专业需求，有选择地定制数字图书馆知识资源和网络学术资源，然后系统会定期根据用户的要求执行检索和下载操作，并将结果以不同方式提供给用户的服务。这是信息检索服务的扩展，强调以用户为中心，是一种个性化服务方式。虽然它与信息检索共享一些关键技术，但更注重了解用户需求，接受用户反馈，并积极推出新的服务。

第十二章　高校图书馆学科信息资源建设服务

随着信息技术的发展，新的信息交流理念的诞生，基于网络的教学、科研环境的逐步形成，图书馆原有的资源形态、资源内容远不能满足学科发展的需要。因此，加强学科信息资源建设和建立完备的学科信息资源具有重要的现实意义。

第一节　学科信息资源建设的意义

一、学科信息资源建设是高校学科建设的资源保障

高校的学科资源建设程度直接影响到学科点的申报、建设与发展，对教学和科研质量与水平有着重要影响。一流的学科是高校的核心竞争力之一。要进行重点学科建设，除了需要拥有高水平的教学和科研团队以及先进的仪器设备外，还需要与之相匹配的学科信息资源支持。高校图书馆作为教学和科研的重要支持机构，承担着为教学和科研提供文献信息资源的任务，应该通过丰富的文献信息资源促进学科专业的发展，从而提升整个高校的水平。学科信息保障是指图书馆在某一学科或专业范围内，收藏了应用、研究和参考等方面所需的文献与信息，以支持学科教师和科研人员进行教学辅导与深入的科学研究，同时，满足攻读硕士学位和博士学位的学生对本学科专题文献的整体需求。没有完整或深层次的学科信息资源作为基础，没有深层次的

集成化学科信息资源，就无法提供深层次的集成化学科服务，也无法满足学科建设、教学和科研的需求，更无法为其提供有力的资源支持。因此，学科信息资源建设是学科建设的资源保障。

二、学科信息资源建设是高校图书馆核心竞争力的基础保障

高校图书馆核心竞争力主要是指高校图书馆在社会大系统尤其是高校系统中独特的竞争优势，即维持高校图书馆存在和保障高校图书馆存在的独特的、别人根本无法模仿与替代的、不受外界控制的资源以及能力。资源包括信息资源、技术设备设施资源和人力资源，能力主要是服务。资源的优势是能力体现的基础和前提，一流的资源将推动和促进一流的服务。服务是高校图书馆的重要工作之一，服务质量和效益是图书馆竞争力的表现形式。而学科服务是高校图书馆围绕学科建设和学科研究实现学科信息无序化配置向专业化、个性化的学科知识服务的拓展与深化，是高校图书馆服务工作的发展，是高校图书馆服务工作的核心，也就是说，学科服务将是高校图书馆核心竞争力的重要体现。现代高校图书馆要以学科服务为核心，而学科信息资源则是学科服务的重要基础和条件。没有学科信息资源建设工作对学科信息的选择、存储、整序和开发，任何形式的服务都将只是一句空话、大话。因此，学科信息资源建设无疑成为高校图书馆核心竞争力的基础保障。

三、学科信息资源建设为学科用户信息获得和利用提供了极大的便利

随着科学技术的发展，信息和知识海量增加，强大的信息流使社会信息处于无序、散乱、失控的状态，大大增加了人们对信息和知识难度的有效利用。高校图书馆深刻认识到这一点，充分利用自身的人力资源和技术资源优势，加大了对信息资源建设力度，紧密围绕高校学科建设的需要，通过对无序的、散乱的学科信息资源从微观上进行收集、鉴别、筛选、加工、组织、整序，从宏观上进行统筹规划、合理布局、科学调控，从而形成科学的、有

序的学科信息资源体系。尤其是利用现代信息技术，对学科信息资源的加工与处理从对形式描述的深化到对内容的揭示，从显性知识的组织深入到对隐性知识的揭示，从原有的文献资源的建设发展到多形式、多载体的资源建设，通过多渠道、多形式地构建庞大的学科信息资源数据库体系，使用户在现代网络、通信等技术条件下可以跨越空间获取自己所需的信息，足不出户便可以浏览和阅读自己所需的图书，查阅世界各国的文献资源与数据，了解和掌握与学科有关的前沿知识、研究动态。这些都为学科用户信息获得和利用提供了极大的便利。

四、学科信息资源建设有利于提升学科用户的信息素养

学科信息资源的知识与信息含量极为丰富，它不仅仅是学科用户查找自己所需信息资料、检索文献信息、更新知识的工具，更是学科用户信息素养教育的重要组成部分及学科用户学习和工作必备的工具书。广大学科用户通过对学科信息资源的学习与利用，能不断积累知识、扩大知识面及进行知识更新。更重要的是，他们在潜移默化中改变了获取信息的方式，培养和提升了信息获取能力，尤其是为学生用户将来利用信息打下了良好的基础，为其终身教育的发展提供了强有力的工具。因此，加强学科信息资源建设间接地促进了学科用户信息素养提升。

第二节 学科信息资源的类型与特点

一、学科信息资源的类型

学科信息资源是众多信息资源之中的一种。它是高校图书馆根据信息资源的知识内容而划分出的具有极强学科性、专业性的一种资源集合体，它是自成体系的。学科信息资源由于其知识内容、载体形态、产生方式、使用方式都有其特殊性，其分类方法也具有不同的特点。目前，还没有一个固定的、统一的分类标准。为此，从高校图书馆学科服务的实际出发，综合学科信息资源的载体形态、记录手段和产生方式，我们将学科信息资源分为传统馆藏学科文献资源、数字化学科信息资源两大类，具体如下。

1.传统馆藏学科文献资源

文献是记录一切人类知识信息的载体，其本质是知识。《文献著录总则》（GB 3792.1—83）与《文献类型与文献载体代码》（GB 3469—83）将其定义为：文献是记录有知识的一切载体。按其载体形态来分，有金石、甲骨、简册、纸张、胶片、胶卷、磁带、光盘等。按其出版形式来分，有图书、报纸、期刊、科学报告、专利文献、标准文献、学科论文、政府出版物、产品样本、档案等。20世后半叶，还出现了电子出版物。文献型学科信息资源是以文献为载体的学科信息资源。它是将学科信息知识内容以一定的记录方式记载于物质载体上而呈现的物质实体。结合文献的类型并根据学科信息资源的记录方式和载体材料可将其分为刻写型学科文献资源、印刷型学科文献资源、缩微型学科文献资源与视听型学科文献资源。刻写型学科文献资源是指以刻写和手工书写为手段，将学科知识信息内容记录在不同的自然特质材料、纸张等载体上而形成的文献资源，如古代的卜辞、帛书以及现代的手稿、原始档案、会议记录等，它们中有很多珍贵、稀有的学科文献资源。印刷型学科文献资源是指通过不同的印制方式将学科知识信息印制在纸张上的学科文献，如图书、期刊、科技报告、学位论文、专利文献、产品资料等。缩微型学科文献资源主要是指利用光学记录技术将印刷型学科文献资源缩小记录于感光材料上的文献，如胶卷、胶片等。视听型学科文献资源主要是指我们通常所说的声像资料，如录像磁带、传真照片、幻灯片、影片、音像资料等。

2.数字化学科信息资源

数字化学科信息资源是指以数字化形式，将文字、图像、声音、动画等多种形式的学科信息存储在光、磁等非物质的物理介质中，以光信号、电信号的形式传输，并通过计算机单机或网络终端以及其他外部辅助设备再现出来的学科知识信息集合。随着网络技术的发展和广泛应用，数字化学科信息资源还可以细分为机读学科信息资源和网络学科信息资源。机读学科信息资源主要有磁带、磁盘和光盘等类型，其中，磁盘和光盘是主要的单机信息资源类型。网络学科信息资源是指借助于计算机网络可以获取和利用的所有学科知识信息资源。它不是独立的物理实体，而是一个跨区域、跨国界、跨时间界限的空间信息资源数据库。网络信息资源类型的划分标准很多，网络学科信息资源是网络信息资源其中之一，其类型划分标准也较多。因此，我们综合目前各高校图书馆学科服务的现状，同时，结合具有代表性的网络信息资源类型划分标准，对网络学科信息资源按其使用形式、对应的非网络信息资源、制度化程度、存取方式等不同的标准进行划分。按其使用形式，可将其分为联机检索学科信息和因特网学科信息资源两种；按其对应的非网络信息资源，可将其分为联机学科目录、电子图书、电子报刊和各种学科专业数据库等；按其制度化程度，可将其分为正式出版物、半正式出版物和非正式出版物等；按其存取方式，可将其分为检索型、邮件型等。随着网络技术的发展和广泛深入的运用，网络学科信息资源已经成为高校图书馆学科服务的主要来源，提供网络学科资源服务是高校图书馆学科服务的主要任务之一。根据最新的研究，网络上的学科信息资源主要来自以下四个方面。

（1）专业学会网站、学科信息门户网站、专利网站和学科学术研究等领域的专业网站，这些网站提供非常专业的信息。

（2）开放获取（OA）资源，这些资源因为免费获取、出版周期短、代表了最前沿的研究而备受欢迎，包括OA电子期刊、OA仓储空间、电子印本资源等。

（3）在 Web 2.0 环境下由专业用户生成的网络资源，如博客、播客等。

（4）由图书馆整理和加工的学科知识库、学科导航系统以及特色学科知识库等资源。

当然，学科信息资源除按以上的标准划分外，大多高校图书馆根据本校学科建设的实际，为了切实搞好学科服务工作，经常对各种学科信息资源进行深加工和开发，因此，也有根据其加工程度不同来划分学科信息资源的，它们将学科信息资源划分为原始学科文献信息资源、二次学科文献信息资源和三次学科文献信息资源等。原始学科文献信息资源主要是指各种原始的著作、期刊论文、会议论文、学位论文、专利文献等；二次学科文献信息资源是指在原始学科文献信息资源基础上浓缩加工产生的文献资源，如书目、索引、文摘等；三次学科文献信息资源是指通过对二次学科文献信息资源的利用再对原始学科文献信息资源进行综合性、系统性、知识性的研究和概括后形成的文献信息资源，但它们的载体形态、记录手段等都在文献型和数字型两类学科信息资源之列。

二、学科信息资源的特点

随着科学技术和信息技术日新月异的快速发展，信息和知识、研究成果时刻都在大量地产生与积累，尖端领域和新兴学科正在不断增加，学科信息资源形式也正在不断发生变化。学科信息资源除具有传统文献资源的特点外，更具有现代信息时代的特点，具体体现在以下方面。

1.专业性

学科信息资源是针对某学科而收集与组织的与该学科相关的所有知识信息的集合体。不同的学科方向具有不同的学科领域核心信息资源和相关联的信息资源，无论是从资源类型上，还是从资源本身的内容上来看，它是经过筛选后的相关学科的专业知识信息源，包括对学科领域的核心信息资源和相关联信息资源的整合，都具有明显的学科专业特点。

2.知识性

学科信息资源是一个涵盖广泛学科领域的知识信息集合，经过精心分析、整理和提炼而成。这些资源具有相对完备的学科覆盖范围，资源结构合理，不同类型的知识资源相互关联和相互补充，形成一个完整的知识资源保障体系。学科信息资源还融合了学科服务人员的智力因素，可以用于解决各种与学科相关的问题，是一个知识体系的重要组成部分。

3.虚拟性

学科信息资源是以数字资源为主体的信息资源，是对学科相关信息进行整序加工后存储的并可供智能化检索的新的资源体系，从信息的产生到资源产品的形成都可在数字化环境下完成。它不限于物理馆藏，突破了传统图书馆物理界限，使网上所有学科相关信息资源形成了逻辑上的馆藏，既包含了图书馆系统内的所有学科信息资源，也包含了图书馆外的所有网上学科信息资源。

4.集成性

学科信息资源主要是根据特定的学科用户或学科用户群的信息资源需求，将分布异构的学科信息资源通过现代信息技术手段而建立的学科信息资源关联体系。它能为这些特定的学科用户或学科用户群提供学科信息资源查考、学科信息资源导航、检索、全文链接等个性服务，以及智能化访问和服务。

第三节　高校图书馆学科信息在乡村阅读中的应用

学科信息资源建设既具有极强的实践性和技术性，又是业务性、专业性极强的一项工作。它不仅需要理论的指导，还必须遵循其特定原则。这些理论与原则为乡村阅读提供了借鉴和先例。

一、学科信息资源建设的基本理论

学科信息资源建设必须在信息资源建设理论指导下进行，其支撑理论来源于信息资源建设理论。因此，系统科学、经济学、信息管理学都是其重要的理论支撑。

1.系统科学理论

系统理论与方法立足于整体，统筹全局，是把整体与部分辩证地统一起来。信息资源是一个系统，而学科信息资源是信息资源系统中的一个子系统，学科信息资源建设是一项较为复杂的系统工程，具有自身的组织与管理问题。系统理论与方法在学科信息资源建设中具有独特的作用，因此必须运用系统理论和方法原则，研究学科信息资源建设。

2.经济学理论

学科信息资源建设的实质是资源的整合与合理配置。学科信息资源是一种重要的经济资源。从经济学角度来看，学科信息资源就是通过一定的调控手段，协调学科信息资源在时间、空间、数量上的分布关系，实现其合理配置，也就是用有限的信息成本而尽可能地获取最大的信息报酬（经济效益和社会效益）。

3.信息管理学理论

信息管理学是研究信息产生、传播、分布、获取、加工、利用等的特征、规律及其控制和管理的理论与方法的科学，信息资源建设是信息管理学的分支学科，而学科信息资源建设是信息资源建设的细化。因此，信息管理学理论和方法对学科信息资源建设具有重要的指导意义。如运用布拉德福定律为图书馆学科文献馆藏规模与布局提供理论依据，同时，在学科文献的采集工作中，运用布拉德福定律分析相关学科的核心文献资源、核心作者群，能以有效的经费获得高质量的、使用高效的文献信息；在信息数量海量增加的信息时代，运用普赖斯指数定律分析相关学科文献的增长规律和老化情况，明确学科文献的利用和管理制度。

二、学科信息资源建设的原则

学科信息资源建设的原则是学科信息资源建设客观规律的反映，是学科信息资源建设实践的概括和总结。目前，国内大多数高校图书馆都在不同程度地尝试实行学科服务，都在对学科资源建设方面进行改进，由于受到经费的限制，资源建设速度远远跟不上学科的发展速度，学科用户需求的无限性与图书馆资源建设有限性的矛盾也越来越突出。因此，根据高校图书馆所处的信息化、网络化、数字化环境，各高校图书馆在学科资源建设中应该遵循的原则是：系统性原则、实用性原则、特色化原则、共建共享原则和发展性原则。

1.系统性原则

系统理论认为，系统是物质存在的普遍形式和属性，世界上的一切事物都从属于一定的系统，系统内外各要素都是相互关联的。信息资源建设的最终目标是建立一个能最大限度满足社会信息需要的信息资源保障体系，这是一个实体系统。而学科信息资源建设是该系统中的子系统。学科信息资源建设系统性原则是指在学科信息资源建设中，既要从信息资源系统的整体出发，又要特别注意学科信息资源子系统内各要素的联系。学科信息资源建设的系统性原则一般由学科知识的系统性、信息资源自身的连续性、学科用户需求的系统性和学科信息的保存与传递系统性等客观因素决定。学科知识无论在内容上还是时间上都是一个连贯的、相互联系的整体，在学科信息资源建设中，必须注重学科信息内容内在的系统性，对学科知识信息资源进行系统性的选择和组织；由于知识信息不仅在内容上是连贯的，其产生也是连续性的，这种连续性为我们进行学科信息资源建设时连续、系统地收集信息资源提供了条件和保障,同时,也要求我们在建设中必须保持学科知识信息资源系统的连续性;学科用户由于其年龄结构、知识结构、文化结构不同,对学科信息资源的要求和使用也各异,我们要满足各种用户需求,就要求在学科信息资源建设过程中始终保持各类型、载体资源的合理比例,系统收集、分别组织、总体规划,使学科信息资源的系统性与学科用户需求的系统性相一致;同时,对高校图书馆来说,保存和传递知识信息是其基本职能,要实现这一职能本身也离不开科学的资源系统。因此,我们在学科信息资源建设中,必须围绕学科完整系统地收集其相关的所有形态和载体的资源,同时,还要注意该学科与其他学科的渗透、交叉的联系,广泛而选择性地收集一些相关学科、边缘学科、交叉学科的知识信息。

2.实用性原则

实用性原则是指高校图书馆在学科信息资源建设过程中要从学科实际需要出发,从学科用户需求出发来规划、选择、收集、整序、组织和管理学科信息资源,以最大限度地满足学科用户的信息需求。实用性原则是学科信息资源建设最基本的原则,这是由现代高校图书馆发展要求而决定的。这一原则的根本要求就是强调"用",为学科服务任务需要和学科用户需求所"用"。也就是说,我们在进行学科信息资源建设时,必须根据学科服务任务的需要和学科用户的需求来收集、组织学科信息资源。学科信息资源建设主要由高校学科建设状况而决定,不同的高校其学科建设目标、任务、重点不同,因而我们在确定本馆学科信息资源建设的范围、重点、特色、结构等时应充分考虑高校学科服务的任务和全面了解不同学科用户的信息需求,掌握他们利用学科信息资源的现状、效果及发展规律,立足于服务任务和学科用户的信息需求,根据实际使用需要进行学科信息资源建设。

3.特色化原则

随着图书馆向数字化、网络化方向的深入发展,特色化已成为衡量信息资源质量优劣的重要标志之一。信息资源特色化是提高馆藏信息质量的重要举措。学科信息资源特色化是指学科信息资源建设要结合本校学科建设的定位和发展方向,增强、提升有历史传统和鲜明特色的学科信息资源优势,形成自身独特的风格和不同于其他资源的特色。特色化原则与系统性原则和实用性原则有着密切联系，特色化是实用性的保证，是系统化的前提。千篇一律、同一模式的资源无法满足复杂的学科用户需求，只有独具特色的资源才可能满足各类型的用户，也才能真正具有实用价值，在信息暴涨的今天，任何图书馆都不可能盲目追求资源体系的完整，只能是在现实需要和可能的条件下去收集其信息资源，这样才使建立起来的信息资源具有本馆特色，也就是说学科信息资源的系统性只能是特色化前提下的系统性。目前，在数字化环境下，学科信息资源建设特色化主要体现为馆藏文献信息的特色化和特色数据库建设，具体内容主要体现为学科特色、专题特色、地方特色和文献资源类型特色等几个方面，因此，在学科信息资源特色化建设过程中，必须在馆藏学科信息资源的数量、质量、类型、重点上有明确的要求，在数量上要保证特色文献的种类降低缺藏率；在质量上要保证学科信息资源内容的深度和合理的比例结构，数量要以质量为基础，用质量来控制数量；在资源类型上不仅要重视现实馆藏，还要注重虚拟馆藏，建立特色数据库；在重点资源馆藏上要充分调查研究，确保学科服务任务和重点服务对象的需求。

4.共建共享原则

由于信息技术的发展、网络环境的形成，任何一个图书馆无论其财力多么雄厚都不可能穷尽所有的信息资源，独立地建设馆藏和仅靠本馆馆藏都无法满足用户需求。因此，信息资源共建共享已成为图书馆文献发展的必然趋势。学科信息资源建设共建共享原则是指各图书馆之间、图书馆与其他信息机构之间，建立广泛的合作关系，科学规划、分工协作，共同建设，相互提供利用，建立相互联系、相互依存的学科信息资源保障体系。也就是依托计算机网络和其他先进信息技术，建立一个集学科信息资源共建、共知、共享于一体的学科传统文献信息资源、数字资源和隐性知识资源统一的资源服务体系，最大限度地满足学科用户对信息资源的需求。它主要包括建立相对完备的学科文献信息资源保障体系，形成覆盖面广、利用便捷的学科书目信息网络（如 OPAC 书目查询系统、电子资源检索系统、学科信息门户等），建立迅速、高效的学科文献传递系统等。目前，图书馆界资源共建共享的主要形式是图书馆联盟，其主要功能体现在资源协调采集、联合编目与联合目录、馆际互借、数字资源建设及资源合作存储、服务协作、计算机资源共享等方面。

5.发展性原则

世间的万事万物都是处在不断发展变化中的，学科信息资源也不例外。随着科学技术和文化教育事业的发展，新的学科专业及新的产品层出不穷，学科信息资源也必将随之而不断迅速增加和不断发展变化。因此，学科馆员必须在深入了解现有馆藏资源的基础上，根据学科用户的要求、学科学术发展动向及学科发展规划（如开设新专业）选择购买所需资源补充馆藏；同时，还要不断利用自身的知识和技术优势挖掘、开发与学科相关的各种灰色资源、隐性知识，开发二次、三次学科文献信息资源以充实和完善学科信息资源，更好地为学科用户提供便捷的服务。

第十三章 新媒介视角下高校图书馆学科服务平台的创新应用

网络环境及 Web2.0、Web3.0 技术的发展，为高校图书馆学科信息服务系统的实施提供了良好的条件。在这种环境下，基于 Web2.0 技术的学科服务平台的构建以及基于 Web3.0 技术的智能创新为学科馆员提供了工作平台，为学科用户提供了使用便利、用户体验良好的学科服务。对学科服务平台理论进行分析、以 Web2.0 技术为例对学科服务平台的应用技术进行简单介绍，会有效地促进学科服务平台的构建。

第一节 学科服务平台概述

一、学科服务平台的含义

"平台"这个词在古今中外都有不同的定义。然而，随着社会文明的不断发展，"平台"这个词逐渐具备了更广泛的内涵。它可以被视作一个互动性强烈的舞台，人们可以通过它进行各种形式的交流、交易和学习，比如，信息平台和建筑平台等。

学科服务平台是学科馆员与学科用户之间进行相互交流、学习和提供学科信息资源服务的互动舞台。它起到了联系学科馆员与学科用户的媒介作用，使学科用户和学科馆员能通过这一平台进行交流与联系。这个平台不仅是学科服务系统的一种外在表现形式，还是学科服务的实际场所，提供根据学科服务需要的综合信息服务。学科馆员可以利用现有的实体设施，如馆舍和文献资源，建立物理实体的学科服务工作场所。同时，借助网络和先进的信息技术，也可以构建虚拟网络环境平台，以向学科用户提供相关学科信息资源服务。通过建立强大的学科服务支撑平台，可以将学科服务融入学科服务对象的教学、科研和学习环境，满足他们全方位的信息需求，提高学科服务的质量。

这个平台应该是学科用户和学科馆员联系的学科知识平台，能展示馆藏资源并提供学科导航链接。它不仅是学科资源的组织管理平台，还是学科信息发布的场所。同时，它也是学科馆员和学科用户进行交流的平台，整合了网络资源、知识挖掘、定题、学科导航等智能化服务。这个平台能及时响应用户的需求，并提供个性化的服务，是一个多功能的学科服务平台，旨在助力学科服务目标的顺利实现。

二、学科服务平台的组成

学科服务平台对学科服务对象来说是一个服务窗口，对学科服务实施主体——学科馆员来说是一个工作平台。学科服务平台的建设、维护和发展需要考虑各高校的学科状况，围绕学科建设，与科研团队合作，支持教学和科研工作，彰显自身特色，体现嵌入、主动、个性化和增值的服务理念。目前，我国高校学科服务平台通常包括物理平台和虚拟平台两部分。

学科服务物理平台是为学科用户提供学习、交流和活动场所的实体设施，通常包括大小适宜、布局合理、设施完备的空间，以及硬件设备、服务设施和馆藏文献资源等。这些空间的设计考虑了学科用户的学习和科研需求，以确保资源的储存和使用，并通过声学、照明和视觉设计等手段创造良好的学习氛围与舒适环境。在不影响功能的前提下，这些平台也会将多种服务集成在一起，以方便个人和团体用户的学习、交流与协作研究。这些平台的具体组成通常包括资源服务区、学科咨询台、独立研究室、数字化制作室、休闲区等。

学科服务虚拟平台是学科用户进行学习、交流和知识共享的在线场所，在网络时代具有重要作用。它是学科服务平台的关键组成部分，强调互动性、用户参与和共享，体现了"用户不仅是信息的接收者，还是信息的创造者和传播者"的理念。学科服务虚拟平台通常基于Web2.0技术，利用博客、RSS协议、维基、社会性书签、Ajax技术等软件和技术，提供综合的数字信息资源和服务，使用户能轻松搜索和访问各种信息资源。学科服务虚拟平台的发展是动态的，需要不断更新和维护，同时，还需要不断增加新的功能和服务，以满足不断变化的用户需求，保持其活跃度，为学科服务提供有力支持。

三、国内学科服务平台建设现状

由于建立、维护和发展学科服务平台需要先进的信息技术与充足的资金，对一些技术和资源有限的中小型高校图书馆来说，自行搭建学科信息服务平台可能会面临一定困难。因此，一些数据库商已经将学科服务平台作为其开发目标之一。这意味着刚刚开始或刚刚开展学科服务的地方高校图书馆可以利用已购买的具有个性化增值服务功能的数据库，如中国知网、万方等，构建基于本校特色的学科服务平台。这种做法在一定程度上可以缓解一些图书馆技术实力薄弱的问题。

在我国高校图书馆中，一些机构率先建立了学科知识服务平台，利用各种技术，包括博客、RSS协议、维基、Ajax技术等，创建了博客系统、新闻聚合系统、维基、学术百科以及个性化主页等功能。然而，已有的构建模式存在技术实施难度较大、用户不太适应新的互动式信息查找和更新模式等问题。此外，一些平台的功能还需要进一步完善、扩展和开发，需要与现有服务系统进行更紧密的整合。这表明，我国的学科服务支撑平台研究和实践仍处于发展阶段。

当前，我国的高校图书馆学科服务平台存在以下问题。

1.服务供求不平衡

在学科导航服务方面，一些高校整合了内部和外部的资源，但这些资源的学科信息分类和组织缺乏有效的机制，分类标准多为自定义，不规范，缺乏良好的导航系统，导致读者的使用效率较低。

2.缺乏智能化和可用性设计

虽然提供了多样化的服务方式，但学科服务平台缺乏智能和用户友好性设计。例如，在参考咨询服务方面，由于没有完整的学科服务体系，读者可能难以找到与专业学科馆员交流的渠道。

3.忽视服务信息积累

许多平台着重于提供服务功能，而忽视了服务信息的积累。积累的服务信息可以提供有价值的服务知识，有效组织这些知识可以避免重复工作。

第二节 学科服务平台构建

构建科学合理的学科服务平台是各高校图书馆发展的基础。随着高校对学科建设的增强，高校图书馆需要为学科建设和发展提供相应的学科服务体系与有效的学科服务平台。

一、学科服务平台设计理念

学科服务平台是学科馆员与学科用户之间互动和交流的关键平台，旨在提供更好的学科服务和推广学科化服务。它为学科馆员提供了一个工作平台，以完成各种任务，如参考咨询和资源建设。对于学科用户，这个平台提供了了解学科信息、讨论问题、贡献知识和咨询等机会，有助于提高学科服务理念。学科服务平台的设计应以学科服务理念为指导，将学科建设置于核心位置，为学科馆员工作和学科服务提供便利，并促进学科服务理念的提升。学科服务平台设计应充分考虑学科的科研团队、教学科研需求，将图书馆的特色嵌入科研开发过程，注重个性化服务，以支持学科发展创新。

二、学科服务平台的构建模式

完备的学科服务平台是集以信息共享空间实体为依托的物理实体平台和信息技术系统交互的虚拟网络平台于一体的共同体。"作为场所的图书馆"和"信息共享空间"等理念的出现，为完备的学科服务平台建设提供了极好的思路和依托基础。大多数高校图书馆在学科服务平台构建上，都以现有的物理实体空间为依托，充分利用本馆的信息资源和技术，结合学科服务的需要寻找合适的路子构建各具特色的学科服务的平台。

（一）学科服务物理平台的构建模式

学科服务物理平台是学科服务工作的实体场所。以信息共享空间实体为依托，以用户为中心、一站式服务是当下学科服务理念的基本要求。没有必要的工作场地，学科馆员就难以组织学科用户进行学习或学术上的讨论、交流，学科用户之间的学习或学术讨论、交流也将因此而难以实现。可见，必要的场所缺失将极大地影响学科服务的效果。因此，各高校图书馆必须结合本馆具体的实际，充分利用现有条件，充分利用原有馆舍、资源，以信息共享空间实体建设为依托构建学科服务物理平台。

1.学科服务物理平台设计思路

学科服务物理平台的设计思路主要是充分利用分馆、院系资料室和特色馆藏室等现有的实体空间，再根据实体空间的大小将其划分为不同功能的区域，其主要架构组成有资源区、学科咨询台、独立的学习和研究区、数字化操作区、休闲区等，并在各实体区域内配置相应基础服务设施。在模块构成方面，与信息共享空间的实体结构相统一，一般由实体空间、硬件设备、服务设施等组成。

2.学科服务物理平台的架构

（1）资源区。学科服务的基础是学科信息资源，它支持学科服务的开展，为学科用户提供必要的学习和科研资源。学科服务平台需要提供充足的学科文献资源，包括印刷版学科图书、期刊、实用参考资料、多媒体资源等。此外，特色文献和内部文献也是重要的资源，包括学术档案、教学科研成果、课件等。还需要提供一般参考咨询文献，如工具书、词典和百科全书，以及适量的休闲期刊和畅销书。这些资源需要存放在学科服务平台的区域空间内，包括总馆、分馆、院系资料室和特色馆藏室。平台还应提供传统信息资源的借阅服务和网络信息资源的检索与输出服务，并配备相应的设施。

（2）学科咨询台。受理咨询是学科服务的核心方式之一。学科用户在学习和科研过程中可能遇到各种问题，无论是常识性的、技术性的，还是学科专业相关的问题，他们都可以向学科馆员寻求帮助。这种咨询可以通过面对面、网络实时、电话等多种方式进行。学科馆员在回答用户提问时，需要表现出热情、耐心、细致入微，以赢得用户的信任和满意度。通常，学科咨询台会设在学科资源服务区。

（3）独立的学习和研究区。学科服务平台通常包括独立的学习和研究区，这些区域旨在为学科用户提供适合他们进行独立学习和科研的实体空间。根据图书馆的实际情况，这些区域可以设置的不同。如果条件允许，那么可以分开设置学习区和研究区；但如果条件有限，那么也可以将它们合并使用。一般来说，可以设置个人学习室、学科专家工作室和学科小组讨论室三种类型的空间。

个人学习室主要面向学生，提供安静的环境，用于学生检索文献、浏览网络信息、撰写论文、进行模拟实验等个人学术活动。这些学习室通常配备有无线网络接口，允许用户自带笔记本电脑，同时，提供标准设施，如电脑桌和椅子。

学科专家工作室则主要为有重大科研任务的教师或科研团队提供，配备高性能计算机和相关软件，以及传统的文献资源。这些工作室通常是独立的，可根据科研项目的需要进行配置。

学科小组讨论室是供学科用户进行学术争论、课题讨论和团队合作的场所。这些讨论室通常配备有计算机、多台显示器、投影仪、黑板以及桌椅等设施，可根据不同规模的团体进行规模大小的建设。

在场地利用方面，由于高校图书馆空间有限，可以采取多学科共建共用的方式，充分利用各院系的资源优势，实行学科专家工作室与学科小组讨论室合作共建，以最大限度地提供学科服务。

（4）数字化操作区。信息技术的迅速发展和广泛应用已经深刻改变了人们的生活与工作方式。数字化技术，尤其是多媒体操作和制作技能，已成为不可或缺的能力，受到高校图书馆的高度重视。为适应这一趋势，高校图书馆应更新物理空间设置，专门设立数字化操作区、多媒体制作室和数字化教室，以提高师生的信息技术素养。

多媒体制作室需要配备适当的硬件设施，以满足数字化操作和实践训练的需求，包括多台高性能电脑及相关附件、网络设施。此外，需要安装图像处理、网页制作、音频、视频等多媒体制作和管理软件。根据学科服务的需求，还可以安装一些适合特定专业的特殊软件。此外，还需要提供打印机、复印机、扫描仪、刻录机、数码相机、数码摄像机、大屏幕电视、音响设备等输入和输出设备，以便完成多媒体制作任务。重要的是，这些设备不仅用于用户的享受，还用于培训用户如何使用它们，提高他们的信息技术技能。考虑到设备昂贵且更新迅速，可以考虑多个学科合作共建和共享多媒体制作室。

数字化教室主要用于学科馆员对用户进行信息素养培训，包括信息检索技巧、数据库使用、学术论文写作等与学科服务相关的培训。此外，数字化教室还可通过预约方式提供给用户，用于学术报告、专题讲座、学科专家传授专业知识和科研方法等。该教室需要配置电脑、网络接口、投影仪、电子白板、音响等设备。鉴于经费、场地和使用频率等问题，也可以考虑根据需求进行合作共建和共用数字化教室。

（5）休闲区。为提供更好的用户体验，学科服务平台应配置舒适的桌椅，提供饮料和点心，还可以放置一些报纸或休闲杂志，供用户在学习间隙进行短暂的休息。此外，休闲区的环境设计应当优雅，可以通过雕塑、字画等艺术品进行点缀，以营造愉悦的氛围。这样，用户可以在轻松的环境中享受休息，或者进行交流和讨论。

以上所述要素构成了一个完整的学科服务物理平台必备的元素。对于资金有限的情况，可以采取分阶段建设的策略，逐步扩大规模或完善设施，以渐进的方式长期建设。首先，根据现有的空间和资源，实现平台的主要功能；其次，有计划地逐步扩建空间和增加设施，最终实现全部功能。这种渐进的建设方式有助于充分利用有限的投资，逐步提升学科服务平台的水平和功能。

（二）学科服务虚拟平台建设

学科服务虚拟平台在网络时代具有重要作用，它是学科服务平台的关键组成部分。这个平台集成了多种服务功能，包括学科知识门户、学科导航、RSS 订阅与推送、网络资源展示、知识挖掘和定制化知识服务等。它是一个以用户需求为驱动的学科化和智能化服务平台，支持学科馆员进行需求分析、知识整合、个性化服务设计和管理等工作。该平台建立在学科知识库、特色资源数据、信息资源总库、虚拟学科分馆平台等基础上，并与个人数字图书馆和个性化信息环境相互连接。它帮助学科馆员更好地理解用户需求，将个性化服务融入用户的信息环境中，实现学科化、知识化、个性化和智能化的服务目标。此平台强调了服务的互动性、用户的参与性和知识的共享性，凸显了"用户不仅是信息的接收者，还是信息的创造者和传播者"的理念。学科虚拟服务平台的结构包括硬件和软件两个方面，主要有以下四大模块：学科资源、学科门户、学科咨询、后台管理系统。

（1）学科资源。丰富的学科资源是学科服务必不可少的基础之一，学科信息资源是开展学科服务的基石，学科服务机制的建立和运行实施离开了学科资源就是无本之木，根本就无法进行。这里提到的学科信息资源指的是在文献资源中的学科特定知识信息资源，主要聚焦于学科专题知识库。学科专题知识库是学科化信息服务系统中的一种特色知识集，与传统的基于文献的信息服务有明显区别。它包括学科馆员在解决用户提出的问题时检索到的显性知识，以及学科馆员根据自身的隐性知识和从信息资源库中获取的显性知识形成的新知识产品或成果，用于解决特定问题。这些知识按照学科分类进行捕获、录入知识库，经过处理、整理、评价和排序等过程，构成了知识库的核心内容，可用于提供特色化的学科专题信息服务，主要包括以下内容。①学术和学位论文：包括预印本，已出版的优秀学士学位论文（毕业设计）、硕士学位论文和博士学位论文等。②工作报告：包括工作过程记录、工作进度报告、工作总结报告等，记录学习、工作和科研活动中的阶段性过程与成果，以文字、图像、动画、视频、音频、多媒体等形式呈现。③实验数据和实验结果。④各种观点、看法、思想、经验和总结。⑤科研活动中产生的其他智力产品和数字化对象，如学术讲座、专题知识讲座等。

（2）学科门户。学科门户是学科服务平台中最关键的部分，可视为其前台。它采用了先进的 Web2.0 和 Web3.0 技术，提供了学科论坛、学科博客、学科动态、学科人物和学术信息推送、虚拟学习社区等功能。这个模块通过网络组织和应用学科知识信息资源，将其集成到一个可定制的个性化服务界面中，满足每位最终用户的需求，同时，提供协作的学术交流环境。学科门户是学科用户访问学科资源和服务的主要入口或通道，通常提供以下基本资源、功能和服务。①学科资源导航：提供便捷的文献信息集成管理系统，包括馆藏目录、资源导航、跨库检索和校外访问控制；此外，还对学科数据库和学科网络资源进行分类导航。②学科机构知识库：建立一个基于网络的知识库，旨在收集、整理、保存、检索和提供本机构成员在工作过程中创建的各种数字化产品。③智能搜索引擎：实现跨库检索，允许用户一站式搜索站内资源，这是数字时代的基本功能。④虚拟参考咨询服务：提供在线参考咨询，及时回答用户的提问，了解用户需求，是学科馆员提供学科服务的重要方式；同时，设置FAQ以解答常见问题。⑤学科新闻报道：报道学科领域的最新科研成果、重要会议、学术讲座、著作出版、相关评论、重大活动或事件以及新增刊物等，跟踪学科热点，拓宽用户的视野。⑥虚拟学习社区：包括虚拟读书社区、学科专家信息库、学科论坛、论文写作与投稿等功能。⑦个人数字图书馆：用于管理个性化需求信息，是实现个人知识管理的工具，也是公共数字图书馆服务的延伸。个人数字图书馆允许用户管理和获取他们感兴趣的知识资源。

此外，学科门户还应包括与本学科相关的站点导航信息，如相关机构、专业协会、学科专题网、学科专业人士创建的优秀博客站点等也应提供软件下载和使用培训，以及好电影的推荐。对于具备条件的图书馆，还可以考虑建立该学科的特色数据库等资源。

（3）学科咨询。学科咨询分为咨询服务、知识库两个功能。咨询服务是学科馆员充分利用图书馆现有的参考咨询服务台和参考咨询服务方式为学科用户提供相关的咨询服务、FQA浏览检索与科技查新服务等。知识库是把学科馆员受理的咨询服务、专题服务沉淀积累，形成的知识库，有利于用户的自助服务。

（4）后台管理系统。后台管理系统具有系统管理功能和门户信息维护两大功能。一般采用性能稳定、能快速响应的数据库，程序设计尽量采用方便、易操作的开发脚本，以便于维护。系统管理模块主要包括系统参数设置和权限分配。在学科服务平台中，各项参数需要维护，例如，当新增一个学科时，相关信息需要在此模块录入，以便学科用户能看到新增的学科。此外，允许系统用户自行管理其数据，但为了确保数据的安全性和准确性，政策性和政治性信息内容需要由后台管理人员与馆领导审核通过。在权限分配方面，不同级别的用户被分配不同的账号和密码，从而实现不同的访问权限。通常，馆长和主管学科服务的馆领导拥有最高权限，学科馆员次之，其他领导或部门同事则拥有更低权限，这样可以保障系统和数据的安全性，减少相互干扰，提高操作的便捷性。

每个子模块都会根据其主要用途设定核心检索字段，以增强系统的检索功能。系统还可以从不同途径进行项目统计，实现整个系统全部数据的跨模块统一检索，这样强大的统计功能显著提高了学科馆员的工作效率。需要强调的是，除了最高权限的人员外，其他用户无权删除或修改其他人的信息。在门户信息维护模块中，学科馆员可以更新学科主页以及与学科相关的内容，如学科动态、国际会议等信息。学科导航的维护也是该模块提供的重要功能。

第三节　学科服务平台技术在乡村阅读的应用

学科服务平台以学科馆员为核心和主要执行者，在先进的计算机信息技术和网络信息技术的支持下，整合多种类型的学科信息资源，提供多种服务方式，以促进学科用户获得主动的学科知识信息服务。学科门户的建设是学科服务平台的核心任务，目前，这一建设主要借助了与Web2.0技术相关的元素。Web2.0强调用户参与和资源共享，因此，它被视为学科服务平台建设的先进技术基础。

Web2.0的核心特征包括以下四个。第一，基于用户自组织的网络社区：用户自发组成网络社区，这种自组织结构是Web2.0的关键特点。第二，基于用户贡献的资源共享：用户贡献内容，形成资源共享，这依赖于利他主义和互惠机制。第三，基于用户协作的集体智慧：集体智慧是社会化的产物，互联网为人们协作创造集体智慧提供了平台。第四，基于"开放"思想的网络效应：开放性有助于网络效应的迅速形成，促进信息、应用和服务的广泛传播。

这四个核心特征符合学科服务体系对信息处理和传递的基本需求。一些商业数据库，如清华同方知网，为用户提供了个性化增值服务功能和在线个人、机构数字图书馆系统，也对学科服务平台的建设提供了有力支持，同时，还为乡村阅读提供了技术参考。

一、学科服务平台涉及的Web2.0技术

1.博客

博客即网络日志，也被简称为"网志"。它是一种新兴的网络信息发布方式，继Email、BBS、QQ聊天之后兴起，被广泛应用于互联网。将博客应用于学科服务体系，可以创造学科服务平台的学科博客模块。这一模块通常通过博客平台建立学科馆员、学科用户以及学科馆员之间的互动交流，从而

加强了他们之间的紧密联系,提高了学科服务的质量。

学科博客模块的应用有以下主要优点。

(1)提供信息共享平台。博客为学科信息的分享和交流提供了平台,促进了信息资源的广泛共享。

(2)积累信息资源。学科用户可以在博客中积累和保存学科信息资源,包括参考文献和相关资料,学科馆员可以指导用户有效地选择、获取、整理和利用这些资源,从而帮助他们在工作、学习和科研中取得更好的成果。

通过这一模块,学科服务体系得以更好地满足用户需求,提高了信息资源的可获得性和利用效率。

2.维基

维基是 Web2.0 技术的典型应用,维基属于知识网格系统,是一种在线超文本写作系统,支持社群协作式写作,同时,提供支持这种写作的辅助工具。维基的最大特点在于其开放的编辑和资源共享机制,允许用户浏览、创建、编辑信息资源,发表个人观点,或者进行主题讨论。这种共同创作和分享的方式非常适用于学科服务,尤其是构建学科共享知识库,使其成为相关学科的知识共享平台。这不仅促进了已有学科资源的共享,还丰富了某一学术领域的资源内容,有助于提升学术知识的质量。在学科服务平台中,可以创建参考维基、专题指南维基等模块,学科馆员可以对各种参考资源进行评论和解释,以帮助用户了解专题学科信息,发现阅读乐趣。同时,学科用户也可以提供反馈和建议,从而促进学科服务的改进,对于新兴学科的发展也有积极作用。通过这种方式,维基系统在学科服务中发挥着重要的作用。

3.RSS

RSS 是一种在线共享内容的简便方式,它可以自动提取用户感兴趣的内容并发送给他们,以确保他们不会错过重要信息。同时,RSS 还提供了阅读 RSS 内容的工具,称为"RSS 阅读器"。在国外,许多图书馆利用 RSS 进行信息推送服务。高校图书馆的学科服务可以根据学科用户的需求定期将相关信息推送到用户的 RSS 阅读器中,以确保他们及时获取学科领域的最新动态。RSS 的使用有助于解决学术信息不断增长与用户难以及时准确获取所需学科知识之间的问题。学科化服务可以利用 RSS 的信息聚合功能,将各高校的各类学科信息按照一定的分类标准汇总，然后由学科馆员和科研人员进行智能筛选，从而使学科信息更加有组织。学科用户可以使用 RSS 订阅功能，通过 RSS 阅读器或者 RSS 聚合门户接收具有 RSS Feed 的学术信息资源，从而创建自己的学科信息门户，无须逐一访问学科化服务平台，就可以获取相关学科信息。这种方式有助于提高信息获取的效率和便捷性。

二、基于中国知网服务平台建设

通常情况下，已购买中国知网数据库的高校图书馆会自动获得一个高校机构数字图书馆及后台管理密码。该机构数字图书馆会提供一个共享的用户名和密码，供本单位用户访问使用。机构管理人员可以使用该后台密码管理本单位的机构数字图书馆。这样的设置有助于高校图书馆更方便地管理其中国知网数据库资源。

个人数字图书馆是中国知网专门为个人用户设计的、具备个性化和互动性的学习和研究空间。在个人数字图书馆中，用户可以根据自己的需求定制资源、功能和情报服务。这个服务旨在满足个人用户的学术和研究需求，使其能更灵活地利用中国知网的资源。

在中国知网的机构数字图书馆内建立机构学科子馆并将其打造为学科化服务平台，可以实现学科资源和服务内容的全面整合。通过中国知网的后台管理功能，可以将各类学科资源和服务内容融入机构数字图书馆，包括但不限于 OPAC 系统、自建数据库、参考咨询服务、学科导航、投稿指南等。这一举措有助于提供更全面、专业的学科化服务。

中国知网数字出版平台拥有强大的个性化定制功能，可以对平台内的学科资源进行深度整合，包括学科主题资源和学科期刊资源等。它能自动分析用户需求，将学术热点、学术趋势以及用户在研究活动中需要的服务网址等信息推送给用户，以满足其个性化的需求。

中国知网的机构馆可以批准学科用户个人馆的加入，并享受该馆的资源。机构馆和个人馆之间，以及个人馆与个人馆之间都可以实现良好的互动。学科馆员可以在机构馆的后台管理中发布单位通知栏目的学科信息。学科用户可以通过机构馆的建馆建议栏目，提供主题检索策略的推荐和建馆建议等方式，参与机构馆的学科资源建设。此外，学友留言和中国知网学术论坛也为学科用户提供了交流互动的途径。

乡村农家书屋在建设过程中也可运用这些技术，为乡村阅读提供技术支持，从而更好地为乡村阅读服务。

参考文献

[1]郭晶.图书馆学科化服务研究与进展[M].上海,上海交通大学出版社,2013.

[2]于良芝,邱冠华,李超平,等.公共图书馆建设主体研究：全覆盖目标下的选择[M].北京：国家图书馆出版社,2011.

[3]于良芝.图书馆情报学概论[M].北京：国家图书馆出版社,2016.

[4]浦绍鑫.现代公共图书馆资源建设与服务[M].北京：光明日报出版社,2016.

[5]林水秀.高校图书馆资源建设与管理研究[M].长春：吉林大学出版社,2016.

[6]叶青,方倪,郭璐.Internet 网络信息资源检索[M].哈尔滨：东北林业大学出版社,2016.

[7]黄如花.数字信息资源开放存取[M].武汉：武汉大学出版社,2017.

[8]包瑞.高校图书馆服务与资源开发[M].长春：吉林大学出版社,2017.

[9]张立,李莘.图书馆管理学[M].成都：电子科技大学出版社,2017.

[10]武三林,韩雅鸣,等.基于技术融合的图书馆数字资源利用服务机制研究[M].北京：科学技术文献出版社,2017.

[11]黄如花,司莉,吴丹.图书馆学研究进展[M].武汉：武汉大学出版社,2017.

[12]谋爱容.网络环境下图书馆的用户研究与信息服务[M].芜湖：安徽师范大学出版社,2017.

[13]张白影,聂道良.图书馆工作论丛：第 6 辑[M].北京：北京理工大学出版社,2017.

[14]姜广强.现代图书馆信息资源配置机制与评价[M].天津：南开大学出版社，2018.

[15]刘伟成.数字信息资源检索[M].武汉：武汉大学出版社，2018.

[16]刘晓辉.现代图书馆图像数据资源建设概论[M].北京：中国戏剧出版社，2018.

[17]吴爱芝.大数据时代高校图书馆智慧化学科服务研究[M].北京：海洋出版社，2018.

[18]徐岚."互联网＋"与图书馆[M].成都：电子科技大学出版社，2018.

[19]周建芳."互联网＋"图书馆[M].成都：四川大学出版社，2018.

[20]张敏生.信息检索与利用[M].西安：西安电子科技大学出版社，2018.

[21]中国社会科学情报学会.图书馆、情报与文献学研究的新视野：10[M].北京：中国书籍出版社，2018.